美丽的抗争

[美国]
塔那西斯·科茨
著

邹晴
译

Ta-Nehisi Coates

The Beautiful Struggle

译林出版社

图书在版编目（CIP）数据
美丽的抗争／（美）塔那西斯·科茨著；邹晴译.
——南京：译林出版社，2020.6
书名原文：The Beautiful Struggle: A Memoir
ISBN 978-7-5447-8012-4

I.①美… II.①塔… ②邹… III.①塔那西斯·科茨－自传
IV.①K837.125.6

中国版本图书馆 CIP 数据核字（2019）第 236720 号

美丽的抗争　［美国］塔那西斯·科茨／著　邹晴／译

责任编辑　刘　免
特约编辑　黄　洁
装帧设计　周伟伟
校　　对　王　敏
责任印制　单　莉

原文出版　Spiegel & Grau, 2008
出版发行　译林出版社
地　　址　南京市湖南路 1 号 A 楼
邮　　箱　yilin@yilin.com
网　　址　www.yilin.com
市场热线　025-86633278
排　　版　南京展望文化发展有限公司
印　　刷　苏州市越洋印刷有限公司
开　　本　850 毫米 ×1168 毫米　1/32
印　　张　8.125
版　　次　2020 年 6 月第 1 版　2020 年 6 月第 1 次印刷
书　　号　ISBN 978-7-5447-8012-4
定　　价　49.00 元

献给我的母亲

谢丽尔·沃特斯

1. 禁断之地
墨菲家园撂倒我们之处
2. 墨菲家园废墟
凶手、混蛋和累犯的罪恶之窟
3. 泰奥加大本营
山坡上的光、科茨家族的前哨、
任性的主人公的家园
4. 蒙道敏商场
陷落之城的新月沃土
5. 莱梅尔要塞
一个让东区居民和县城男孩
闻风丧胆的名字
6. 闹鬼的德鲁伊山
……以黑人为主
7. 巴尔的摩理工学院
水晶之城
8. 利金公园
卑鄙谋杀的抛尸地点
9. 诺斯与普拉斯基的破败小屋
创伤性休克是他们的名片
10. 杜克兰山
争议领土，动荡不安的永恒战场
11. 加里森路和利贝蒂路
半兽人抢走我帽子之处
12. 巴林顿路的遗忘牧师之屋
孩子与小大人之间的分界点
13. 帕克岗的偏僻林区
发源地，我的第一个家
14. 莱克星顿联排房
性病肆虐之地
15. 沃巴什路与红杉路
大比尔第一次拔剑处
16. 伍德劳恩
和平的绿野，虽然疯狂近在咫尺
17. 通往麦加（霍华德大学）
出口，大逃亡
沃巴什大街
利贝蒂高
格温橡木大街
利金公园
8
埃德
伍德劳恩 16
麦加 17

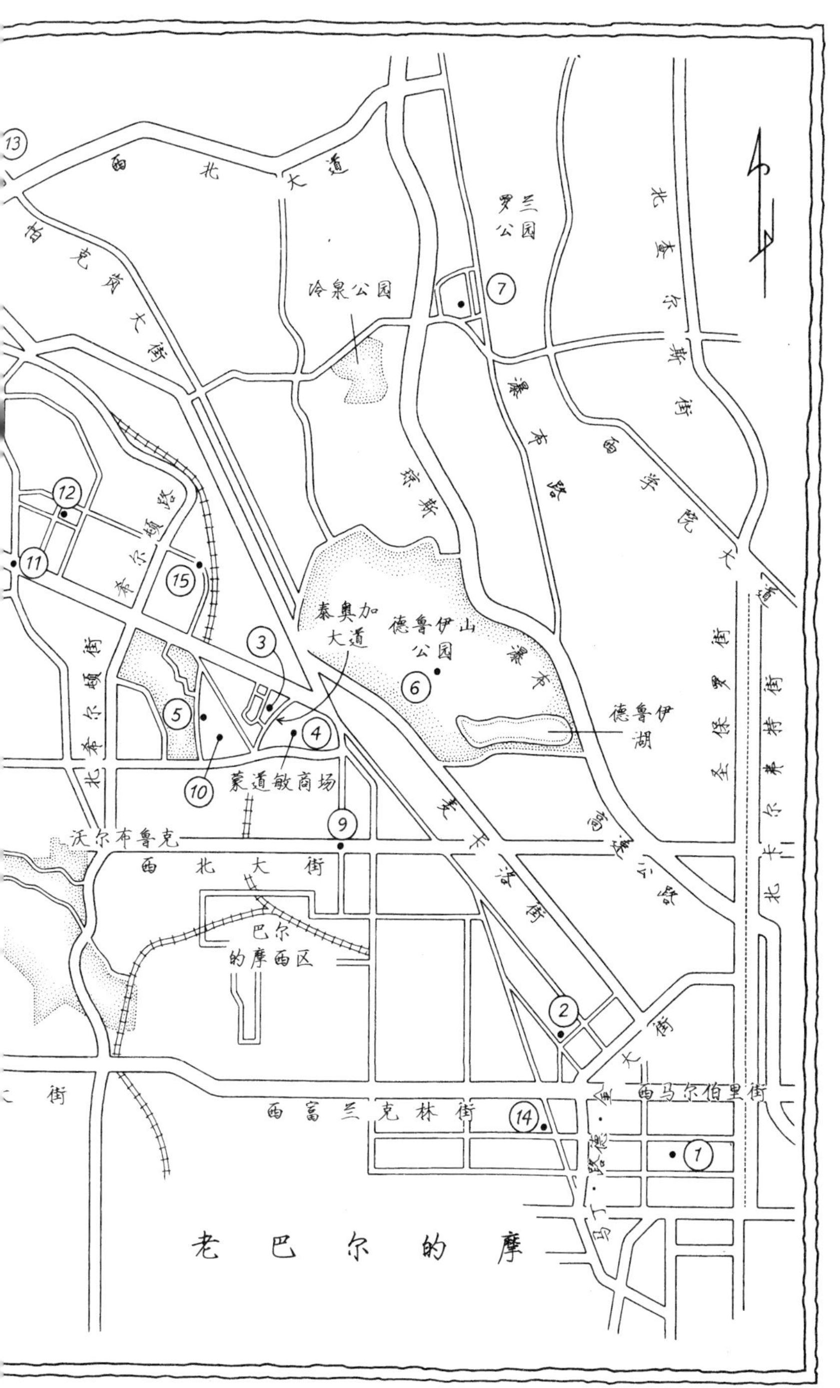

西北大道
冷泉公园
罗兰公园
北查尔斯街
瀑布路
德鲁伊山公园
德鲁伊湖
泰奥加大道
蒙道敏商场
沃尔布鲁克
西北大街
巴尔的摩西区
西马尔伯里街
西富兰克林街
老巴尔的摩

科 茨 家 谱

道格拉斯·克赖尔
与埃德娜·科茨

安娜·怀特
与雷蒙德·沃特斯

威廉·保罗·科茨 —— 谢丽尔·沃特斯

塔那西斯·科茨
生于1975年

梅内里克·科茨
生于1983年

威廉·保罗·科茨 —— 琳达·科茨 —— 威尔·纽柯克

凯莉·科茨
生于1968年

克丽丝坦斯·科茨
（克丽丝）
生于1969年

达马尼·科茨
（小威廉·科茨，大比尔）
生于1971年

贾森·纽柯克
生于1980年

威廉·保罗·科茨 —— 帕齐·科姆

乔纳森·科茨
（约翰）
生于1971年

威廉·保罗·科茨 —— 索拉·布兰奇

马利克·科茨
生于1972年

目 录
CONTENTS

第一章
从前，有一个误入歧途的小男孩……

当他们在查尔斯街逮住我们的时候，我发现他们的样子和传闻中一模一样。他们并没有挥舞什么旗帜，也没有举着闪闪发亮的护身符或比画暗号，但是，我能感觉到他们那如雷贯耳的名号从街头传说变为现实。他们招摇过市，戴着霍利斯的牛仔帽，只不过没有佩戴那些金色的警徽。他们是细长的鬼影，似乎他们能从一个街区外将你三击倒地——刺拳，上钩拳，再接一个刺拳。他们目空一切。他们尖叫，嘲笑起哄，相互打气，狂野乱舞，反复歌唱《摇滚永留于此》。当墨菲家园的人包围我们时，月亮躲藏到它的黑色斗篷里，菲尔角的局外人拖着步子走开。

他们人数之多让我心里一沉——从来没人搞过这样的阵仗。围住我们的也就六到八个人，但他们的几批人马守着从街头到街尾的各个角落。我的头脑和平时一样混乱，思绪飞到了混沌洞穴的游戏关卡，以及擎天柱的集装箱在变形后消失的奥秘。我得花些时间才能想明白。大比尔在一个街区外招惹上了他们，气氛变得紧张。即便他们给了我哥哥一记软绵绵的右钩拳，我也没搞清楚情况，还以为那是在和他打招呼。

直到比尔甩着胳膊逃之夭夭，我才跟上了剧情。他跑了。墨菲家园的人追上了我。

在那些日子里，巴尔的摩派系林立，分裂成以当地民间团体命名的不同帮派。沃尔布鲁克枢纽掌管一切，直到他们碰上诺斯与普拉斯基，这些卑鄙的懦夫会在你女朋友的面前干你。

而在所有人之上，墨菲家园挥舞着权杖。他们就和传奇故事里描写的一样无恶不作。在他们所到之处，老城、摇摇乐烤肉店、港口，他们搞折别人的腿，把别人打到屁滚尿流。他们在这片土地上臭名昭著：墨菲家园用气焊嘴暴揍黑鬼。墨菲家园割裂别人的后背，撒上盐。墨菲家园带着独眼巨人活动，扑扇着蝙蝠翅膀冲出来，在德鲁伊山顶上举行黑暗典礼。

我试着跟上比尔，但他们挡住了我。一个哥布林从人群中走出来——

操，往哪走，婊子？

——他一记右直拳，打得我头晕目眩。在那段日子里，我的鞋从匡威换成了钉鞋，我猛冲过去，在水泥地上留下划痕和草皮屑。我在摇曳的街灯下铲伤了他们的脚踝，飞速晃过，当这群恶棍靠近我想抓住我时，我只留下了影子和空气。我顺原路跑回莱克星顿商场。那儿没有比尔的踪迹，我伸手拿起公用电话。

爸，我们挨揍了。

好吧，儿子，找一个大人，站在大人旁边。

我在莱克星顿商场前面，但我不知道比尔在哪儿。

儿子，我马上就到。

我越线了。这就不是爸爸的黑皮带能解决的事了——我知道将会怎样收场。说到打卑鄙的人海战术的塔克狗头人[1]，他们会从街对面鱼贯而出，这些迷失的男孩只能指望彼此，他们成群结队地占领整个街区，四处发疯，谁也料不到他们会在哪里惹出可怕的乱子来。在车站，有一个等公交车的男人和爸爸年纪相仿，我站在他身边，就好像他的年龄能庇护我似的。他不慌不忙地低头看我一眼，然后又看回街对面，那边都是些一点就着的年轻人，他们的冲突愈演愈烈。

我们那天晚上出门是想去看摔跤手，那是当时最让我们心潮澎湃的人。他们把酒吧斗殴上升到了尚武艺术的高度，让摔跤台边一片沸腾，在白人音乐的轰鸣中，观众兴奋地嘲笑或鼓掌。他们那范·海伦[2]式的长发甩来甩去，他们抬起下巴，睥睨一切，直到自我与上帝并肩。他们发明出各种动作，给它们命名，让它们成为被人惧怕的独家秘技——上帝保佑被骆驼式固定[3]制服的鲍勃·贝克隆[4]——我们也爱这些招式。语言的烘托让每一次击倒都有了自己的风格和魅力，让障眼法成了某种仪式。

周六中午，你可以在客厅找到我们，我们趴在地板上，调节那台二手彩电的吊架，直到自由鸟组合[5]、美女摔跤手和罗恩·加文的身影从波动的信号线条和静电干扰噪声中浮现出来。摔跤手们在全国巡回比赛，疯狂粉丝的数量进一步飙升。他们很困惑。他们跟着黑人传教士的节奏咆哮；他们身披丝质长袍，运动短裤上系着闪闪发亮的腰带；他们举着阳伞，吟诵诗歌。时尚杂志凭空冒出来，传播他们的福音、他们愁眉苦脸的样子、他们空洞的威胁和学识。他们在更衣室里接受采访，不时向空中挥去一记刺拳。所有的历史都被掠夺，所有的神话都被祛魅，直到大力神赫尔南德斯[6]走下奥林匹斯山，艾龙·西耶克[7]将中东部人的身影带到中西部。他们举行峰会和磋商，而所有这一切都在狂风暴雨般的击打中宣告终结。

其他粉丝有他们的霍克斯特们和黄金时代的冯·埃里希们，但在我看来，只有美国梦[8]才是经得起考验的。

他摇摇晃晃地走出通道，沐浴在欢呼喝彩和热烈情绪里，他的勇猛之气从运动短裤下喷涌溢出，他的眼睛就是黑人的历史。

天启骑士会将美国梦压制在围绳上，把他的满头金发打得乱成血淋淋的一团。我蜷缩在地板上，一边捶地一边呼喊，希望他站起来。但比尔总是给反派加油助威，当里克·弗莱尔趾高气扬地走上摔跤台，抖擞他那铂金色的假发时，比尔便高声尖叫。美国梦会严阵以待，反向四字腿部固定，使出仿生学肘击和索尼·利斯顿式的右击拳。在对手——被击垮的塔利·布兰查德们和筋疲力尽的安德森们——狼狈闪躲时，他会看着那因他痴狂的人群，然后像 KRS[9] 那样夺过话筒——

是我，伟大的我，摔跤台上的王者。我告诉过你们，美国梦是职业摔跤手。我已来到巅峰，想把我踢下去可没那么容易。

我们没法不看摔跤比赛，但想开电视就得先过爸爸这一关，而爸爸是一个把全部人生价值寄托在努力工作上的人。他每周工作七天。大比尔叫他教皇，因为爸爸每周都会发布各种各样的指令，就好像他握有神谕似的。他不允许我们在感恩节吃东西，如果我们不听话就会挨骂，他还不允许我们动空调、录像机或者雅达利游戏机。他让我们用手摇割草机去修剪草坪。早上他会打开国家公共电台的广播，问我们对时事的意见，但他这样问只是为了展开辩论，反驳我们的观点。有一次，他一连好几天都在分析泰山和独行侠，直到第六天我看出了其中隐含的殖民势力的污点为止。我确定这是他支持我们的滑稽理由。

他拿着两张职业摔跤比赛的票，送出了一份礼物和一个玩笑——

去看看乌干达巨人卡马拉[10]。然后你们就会像我一样明白，那个黑人来自亚拉巴马州。

在巴尔的摩竞技场，我们无比亢奋。我们从低价座位区向下凝视，这座位太高了，摔跤台看上去和我们收到的礼物盒一样小。到处都是白人，这是我第一次见到这么多白人。他们戴着帽子，穿着剪短的牛仔裤；孩子们聚在一起，吃着热狗和爆米花。我觉得他们看起来脏兮兮的，这种想法让我成了一个自豪的种族主义者。

我很想告诉你紧接着发生了什么，可惜我不记得了。我兴致高昂，想为鸟人欢呼，为他华丽的框架墨镜、杰里卷发和荧光蓝金色氨纶短裤欢呼。他从来都不在意自己出场时场馆里播放的主题音乐，他心里有自己的节奏，那天晚上他也许俯冲向摔跤台，挥动双臂，跟站在自己双肩上的两只长尾小鹦鹉说话。我想见到美国梦，当时他和天启骑士的争斗已经白热化，他占据上风。我打起了游击战——面罩、斗篷、伏击，对抗局势进一步扩大，升级为停车场和车道上的对战，升级成华丽终决。但我在那里遗忘了一切，当我挖掘那个夜晚，脑海中浮现出来的只有墨菲家园的卷须，以及这些卷须是如何钻进我哥哥脑袋里的。他已经是个属于街头的男孩了，但这场拦路抢劫，这种对自己人的阴谋诡计，将他推到了更远的地方。他被当时所感受到的绝望之情触动了，终于完全理解了其中蕴含的风险。

我知道是爸爸和妈妈救了我，他们在接到我的电话不久后开着那辆银色的大众高尔夫在我面前减速停下；我知道爸爸冲进了那个人潮汹涌的夜晚，去找他的大儿子，这是我第一次，也是唯一一次为他担心。我知道比尔的母亲琳达冲下港口，第一个找到了他，和他一起乘车返回他们在詹姆斯敦的小屋。我知道几天后比尔回到了泰奥加，我告诉他我是如何不费吹灰之力打倒墨菲家园的人，如何痛扁某个闪电小子[11]似的臭家伙，他完全不信——

傻瓜，他们放你走，是为了追我。

如果爸爸放在家里的报纸没出错的话，外面的世界当时正沉浸在“挑战者号”事故和储贷丑闻中。但是，我们身处另一个国度，承受着我们自己的混乱时世。一切旧秩序都在我们身边分崩离析，那些极端悲惨的数字被反复提及，每二十一人中就有一人被这二十一人中的另一人杀死，去蹲监狱的人比去上大学的多得多。

那阵子兴起了一种家庭小作坊式的业余研究活动，来思考我们的命运。当时贾万纳·昆居夫很有名，他在《反对摧毁黑人男孩的阴谋》一书中给出了一些回答，一直被引用。在会议上，黑人男孩们集合在一起；在学校里，我们聚集在礼堂里；而在家中，母亲们把孩子叫到餐桌旁。他们传递这样的信息：我们的时间是短暂的。

我们住在巴尔的摩西区泰奥加大道斜坡上的联排住宅里。屋子里有一个小厨房、三间卧室、三个卫生间，但这三个卫生间里只有一个是我们愿意进去用的。我们都住在楼上，爸爸妈妈睡在一间小小的主卧里，而我的两个姐姐克丽丝和凯尔从霍华德大学回来后睡在爸爸放书的地方。屋后有个阳台，栏杆的木头已经腐烂了。我有一天差点儿死在那里：我倚靠的那段木头围栏碎了，我头朝下摔了出去。幸运的是，我在后门的顶上撞了一下，脚先着了地。

我的房间是最小的，到处散落着书：《世界大全》、《儿童百科》、《龙枪》[12]和《纳尼亚传奇》。我睡在厚松板搭成的双层床上，跟弟弟梅内里克一起睡下铺。大比尔睡上铺，这就和他在其他地方也总占上风一样。他只比父亲的第二个儿子大几个月，是家里的长子，但他把这微弱的优势变成了要上家族史的大事。他说话时常以“身为长子……”开头，努力说服所有弟弟妹妹做他的手下。大比尔难得会害怕。他的拳头能打飞人群，赢下殴斗。无聊的时候他会给自己找些乐子，比如取笑你没剪好的渐层发型、青春痘或业余脚法。

比尔：塔那西斯，穿着你那双弱爆了的N.B.A.鞋滚出去。你知道那牌子代表什么意思吗？下次买阿迪达斯。还有，加里，我不知道你穿着那双四道杠的酷加笑什么。知道那是什么意思吗？黑鬼，买双阿迪达斯吧……

在那些日子里，疯查基是邻里间的一大威胁。我们踢五人制足球的时候，他会把抢断看成对他的挑衅，把阻截防守当作下战书。有一次，他从地上拎起了一根铁棍，抡向胖韦恩，一路追打到我们家的客厅。爸爸那次出现的时候脸上挂着“这可不是闹着玩”的严肃表情。查基咒骂着挥舞铁棍，扬长而去。那个晚上我躺在双层床下铺，把这事儿绘声绘色地讲给比尔听。

我：老兄，查基真是疯了。

比尔：去他妈的查基。他要是敢靠近我一步，我就揍扁他。

那年秋天，查基杀死了他的父亲，被警察逮捕，最终消失在少年改造村或希基少管所的阴暗世界里。

上私立学校的史蒂维住在我家顺着斜坡往下走两户的地方。我曾经坐在屋子外面玩他的特种部队人偶，但我后来意识到这样会让我成为攻击目标。街对面就是蒙道敏商场，那里是巴尔的摩西区的时尚据点，是由性爱、杀价和潮流构成的陷阱。那里的每个橱窗都闪耀着皮革、皮草、银制品和价签的光芒，价签上印着巨大的红色数字和表示划掉的斜线。但价签和丰满的甜心女孩会把男孩变成杀手。穿着仿麂皮彪马鞋错踏一步，圣战就开始了。在那段日子里，可卡因像空气一样无处不在，尽管我从没见过谁毒瘾发作的样子，但毒烟给万事万物蒙上了阴影，把我们的家园变成一个以次充好的市集、一个位于巴尔的摩内港的罪恶之都蛾摩拉[13]。判断一个年轻人财富的多寡，就看他颈上金链的宽度。两根手指到三根手指上戴戒指的距离标示了步兵与骑兵的差距，三根手指到四根手指戴戒指的距离标示了骑兵与这个黑暗年代里的伟大上层人士的差距。我们的梦想全都是开着黑色切诺基吉普车巡游大道，停在火热现场的转角，播放器里的音乐冲击着耳膜，涌出拉托亚·杰克逊和《业余说唱》的歌声。就连我也有这样的梦想，而我那时才十岁。

当我在青春期前的困惑和自身的本能中挣扎的时候，大比尔开始对闪闪发光的首饰着迷。那是1986年的夏天，KRS-One包围了奎因斯桥。[14]我站在我的卧室里，高举双手，背着托德·史密斯写出的字句："沿街漫步，和着硬核节奏/JVC耳机，让水泥地震动。"比尔和我哥哥约翰整个夏天都在兼职做餐厅服务员挣钱。比尔打算买一条挂上脖子就仿佛是一种罪恶的大粗链子。但他还没攒够钱，他也受不了分期付款。他从蒙道敏商场回来的时候带着两个迷你拉链袋，每一个都是女人拳头大小。每一个，都像他本人一样，闪闪发光。袋子里面装着巨大的戒指，一个镶着金鸢，另一个伸出两根手指，做成美元标志的形状。

他在我面前炫耀，我注意到这些闪亮夺目的金属是怎样让他的内心膨胀起来的。他仔细介绍着，沉浸在自己的荣耀之中，这时爸爸走到他身旁。

爸爸：儿子，这都是假的，你被骗了。

比尔：你错了，这是14k金的，我付的现款。

爸爸：儿子，儿子，我们把它们熔了，检测一下。如果它们能有 10k，我就赔给你戒指的钱，外加利息。

比尔一阵晕眩，梦想近在咫尺：他仿佛看见一条金鱼骨链挂在自己的黑色 BVD 背心外面，当他大摇大摆地穿过蒙道敏商场时，女孩们会争相献媚，打手们会崩溃地倒在地上或者向他敬礼致意。为了效仿斯利克·里克[15]，比尔会穿上紫色长袍。他接受了父亲的提议，坚信自己会赢。我们当时都还很年轻，自我陶醉，以为自己正在走的每条小径都是开创性的道路，却根本想不到父亲其实都已走过。爸爸找了个地方熔化金子，进行检测。我不知道哪个更糟——是否定的结果，还是他忧伤的浅笑与训诫。后来，爸爸去了蒙道敏商场，让比尔指认卖给他戒指的商家。爸爸走向那个玻璃柜台，出示了鉴定结果，说出了几个魔法咒语。咒语是“欺诈”、“黑人社区”和“州检察官”。从那以后，比尔对金子再也没有那种感觉了。

我父亲是个觉醒者。他身材结实，六英尺高，非常英俊，大多数时候都很严肃，但极少发火。在工作日，他早上六点钟就匆匆出门，开一个小时车去我们的圣地麦加——霍华德大学，他在那里看管图书，在穆尔兰德–斯平加恩研究中心的尊贵殿堂里收集并展示历史。他很朴素，穿棕色裤子、浅黄色衬衫、米色其乐鞋，自己剪头发。

但到了晚上，他会烤上豆腐，蒸上印度香米，关心起暴乱与煽动。他会解开衬衫，走到地下室里，爬梳古老奥秘的故纸堆。他收集绝版书，鲜为人知的讲稿，J. A. 罗杰斯、本博士和杜鲁希拉·顿吉·休斯顿这些作家自费出版的专题著作。在全世界认为我们没有历史的时候，这些伟大的先知们把埃及交还给非洲，记录下我们的过去。这些历史是**他们**不愿意让我们看到的，**他们**不愿意让我们看到那些佚失的文档、秘密的收藏，还有在水渍和岁月的作用下泛黄的文件。但爸爸把它们找了回来。

从我们触碰到这些被窃之国的那天开始，爸爸就会给每个愿意聆听的人解释：他们侵染了我们的头脑。他们安排好他们的颅相学[16]家，他们低端的达尔文主义者，打造出错误的知识，让我们俯首帖耳。但是有人在对抗这种恶魔学。大学将对抗者拒之门外，妥协了的教授嘲笑他们的名字。所以他们自己出版，在街头卖场、教堂和市集兜售自己的大智慧。

因为他们的这些努力，他们为人遗忘。他们试图拯救的人却在追求种族融合的过程中渐渐淡忘了这些伟大的成果，它们凋零，绝版。

爸爸追踪这些自学成才的人和逝者的亲属。在他们的客厅喝茶的时候，他逐渐确定了自己的抱负。爸爸打算用骑马钉订书机、桌面印刷机和康懋达64电脑建立一个出版工作室，以此为失落的天才们正名，在这没有围墙的大学里恢复他们受人尊敬的讲席。这是史无前例的重版事业。他把地下室里的这间工作室命名为黑人经典出版社，而对科茨家的人来说，这是无可推卸的任务。全家人都必须追随这个群体复兴的疯狂梦想。

他在小屋里堆满大智慧，直到一个个房间里的书堆到了门外，书名预示了激进的行动和荣光复兴之路，比如《奇妙的埃塞俄比亚人》《黑色埃及和她的黑人法老们》。爸爸找到了志同道合的人，组成一个集体，庆祝向马尔科姆·X和马库斯·加维致敬的节日，庆祝武装反抗活动。兄弟姐妹们伴着考古发现的节奏击鼓跳舞，诗人们的唇齿间蹦出句子。就连食物都是专属于觉醒者的——小麦面包、蔬菜汉堡和仅用水果增甜的饼干。爸爸只是待在幕后，坐在桌子后面凝视着他们，桌上罩着非洲产的布料，上面铺满了逝者们令人敬畏的著作——那都是他找回来的。

这种慷慨吸引了幸存者们，那些从联邦调查局局长胡佛及其反谍计划中逃出生天的人。他们在走近桌子时怀着那么宏大的期望，以至于甚至无法用英语表意传情，而选择了斯瓦西里语、阿拉伯语或特维语。他们日复一日地打扫大街，做日托，开公共汽车，教钢琴课，劝解年少的高中生。你能够凭借他们身上的恐惧、他们身上的坚忍、他们身上檀香和甘草的味道认出他们。

他们看着我和妈妈或大比尔一起在这些集会上兜售图书，然后再去学校，因为他们总是一起行动。他们会从恩克鲁玛的重要意义开始说起，或者质问我们为什么没有带来克拉克博士的书。他们会停下来，祭酒，大声呼唤邦奇·卡特、奈特·特纳和格蕾丝阿姨的名字。在先人们的抚慰下，他们会平和下来，露出微笑。我是科茨家的儿子，虽然他们不知道我是哪一个。我那时太小了，对丹马克·维西的行动为什么没有成功，比利时人如何对付卢蒙巴，以及奴隶之王撒库拉的回归都毫不关心。

但是在街头，那些嘻哈男孩从头到脚都是Starter、迪亚多纳和乐途这些牌子。他们走到角落里，飞快地聚成一团。大比尔就在那里。他穿着一件鼓鼓囊囊的棕色皮夹克，漫游在街头，统领着一小队蒙道敏的孩子。无聊的时候，他们就弄出些骚乱冲突来，偷抢公交车票或者随便逮着谁揍一顿。他们不给理由，也不发表宣言，这就是他们沿袭下来的做法。这就是惯例。

他们把整个夏天都花在追逐女孩这件事上。女孩们踩着猫步走过蒙道敏，身上穿着石洗牛仔裤，屁股部位有巨大的红色掌印的喷绘。她们把自己的名字刻在三竹节耳环上，听见你喊她们——嘿，哟，小妞儿，过来这边——的时候，她们不会回头竖中指，她们无论如何也不会冲你笑。她们关心的是头发，是一堆又一堆的头发——用发胶定型的、烫过的、梳成法式卷发的、指卷波浪的、固定成一顶染色闪亮王冠的。她们活在当下，及时行乐。她们看一眼巴尔的摩西区，就明白自己是这里最美的部分。因此她们走起路来带着舍我其谁的气概，仿佛感觉到了时不我待。

所以你必须再加把劲。你不能像皮纳特·金[17]再临一样大摇大摆地走过帕克岗。就连滑冰场都要求六人同行才许进。莱克星顿联排房正在流行性病，少女怀孕成了一种时尚。丈夫们总是不回家，父亲们似乎不存在。

科茨家族的阵容是这样的：我的父亲和四个女人生了七个孩子。有些孩子的母亲互为好友，有些是同一年出生的。先说说比我大的孩子们吧，按出生顺序依次是凯莉、克丽丝、大比尔，都是我父亲在和琳达的第一次婚姻中生下的。

约翰是帕齐的孩子，马利克是索拉的孩子。

接下来是我和梅内里克，我们的妈妈是谢丽尔。这些关系写在纸上就是一团乱麻，但对我来说都意味着爱，也形成了我最初了解到的，现在也依然相信的关于家庭的定义。

大比尔和约翰都是在1971年出生的。爸爸当时已婚，有两个女儿。他是个老兵，在琳达看来，他肯定是个坦率又正直的普通人。但他突然成了一个激进派，加入了被示威队伍中长辈的严格道德标准、变革的嘎吱步伐裹挟的次生代。他参加了黑豹党，晋升为当地分会的领袖。他丢掉了自己在工会的工作。他为了迫近的革命而加班加点，他的家人靠救济金生活。

爸爸错过了克丽丝和凯尔的降生，琳达生大比尔时他也不在。似乎总是碰上什么事——某个电话听筒没挂上，或者黑豹党里某个人传错了话。比尔出生的那天，爸爸开着琳达那辆1966年的福特野马，穿过市区往巴尔的摩南区综合医院赶。他在心里衡量着孰轻孰重，他二十五岁，正处在自己一生活力的巅峰，并挺身而出，争取自己的利益。他跟琳达还有孩子们住在一条蜿蜒小路的尽头，位于巴尔的摩南区的樱桃山。但爸爸不戴戒指，他觉得婚姻是过一天算一天的，他只是想去走走年轻男人都要走的人生道路，那也是他父亲曾走过的人生道路。

黑豹党的政治活动与他勇敢的追求相契合。他们住在公社里，共用袜子，换床睡。他们互为同志，是伟大毁灭之路上的伙伴，是摧毁家庭、政府和由利欲熏心的体制操控的经济这一伟大事业之路上的伙伴。在这个新世界里，不存在独占。爸爸自然而然地接受并喜欢上了这种生活方式，不久后，似乎只要有个女人冲他微笑，她就已经开始在把自己的生命划分成一个又一个孕期了。

琳达对黑豹党的看法是，它让爸爸从一个令人尊重的、体面的、努力工作的老兵变成了一个要申请食品券和公共住房的人。比尔出生的那天夜里，爸爸赶到医院，他看到妻子惹人怜爱地躺在床上，在生产之后显得容光焕发，忍不住想要勇敢地忏悔。他没准备过发言稿或者其他特别的措辞，只是不假思索地说出了以下这句话，无异于给她灌下一碗馊了的汤：琳达，我还有一个孩子快出生了。这种话你永远都找不到合适的时机说出口，但有一些时机是特别差的，而爸爸就选择了其中一个。

虽然爸爸很年轻，他的大局观也比绝大多数人都好，但与之相伴的是，他对现实中人的复杂性无知到了极点。所以他又一次做出了这种可耻的壮举。那年10月，他去医院看帕齐和刚出生的约翰。他又一次看见自己孩子的母亲躺在床上，又一次丢下了同样的话，他又有一个孩子快出生了，但这次还有更出人意料的情节——那个孩子的母亲是帕齐最好的朋友和党内的同志。

我父亲很擅长在无知无觉中伤害别人。也许最终又是这一点救了他，他对于自己追求女人们的行径毫无羞耻感。他永远处在破产的状态，但绝不会在账单到期时逃避了事。他为了给孩子买新鞋奔走忙碌，而他自己的鞋早已开了线。在觉醒者中，他因为将一些书发掘出来使之重见天日而闻名，但也同样因为始终陪伴这一大堆孩子而闻名，甚至因为这堆孩子错综复杂的关系而闻名。我知道这么说显得底线太低，但我们生活在一个欺诈盛行的年代，可耻之事是那样普遍，黑鬼们居然到了吹嘘怎样遗弃孩子的地步。

你可以看到我父亲坐在厨桌边对着周日的报纸摇头，或者坐在客厅因晚间新闻而忧心忡忡。他要负担五个男孩和两个女孩的生活，在他死后，他们就是他全部的遗言。他就像是一个有污点的传教士，受召唤成为父亲。这一切的根源是他那酗酒的父亲：祖父生了太多的孩子，爸爸甚至数不清自己有多少兄弟姐妹。祖父让三姐妹先后都为他怀了孕，所以爸爸的姨母也是他的继母。

祖父很聪明，他会逼着爸爸背诵《圣经》，也会对着晨报发表评论。但是愤怒和廉价的葡萄酒腐蚀了他最好的一面，他会为了区区十美分的事儿勃然大怒，把五岁的爸爸从客厅这头一把扔到那头，珀尔姑妈会走过去替爸爸挨打。九岁那年的一天，爸爸从学校回到家，发现他们被赶了出来，往后的日子都要在大街上过了。接下来的几周，他和祖父、两个兄弟、珀尔姑妈一起住在一辆皮卡里。后来祖父把爸爸和他的兄弟戴维丢到了祖母家，从此消失无踪。

现在爸爸自己也制造出了这些跨越十四年的混乱的亲子故事。他把热情寄托在儿子们身上，仅仅是因为机会和风险看上去都那么高。在我们眼中，他处在一个很古怪的位置，居于怨恨和极度崇敬之间。我们所有的朋友都没有父亲，所以爸爸在某种意义上是上帝的赐福，他本人却很难让我们这么觉得。他是个身体力行的法西斯主义者，逼迫我们读书，禁止我们信教。有一次他抓到大比尔在厨桌边祷告，他命令比尔停下来——

你想祷告，就向我祷告，是我把食物放到这张桌子上的。

另一次，在吃晚餐的时候，比尔声称他迫不及待地想要长大，那样他就可以搬出去，自己说了算。爸爸严厉地看着他——

你不必等。你现在就可以走。

我们所有人都知道他是有缺点的，但他依然保持着先知的光环。在我们的人生地图上，他把十二岁到十八岁用亮色圈了出来。那里就是深渊所在，无人指引的黑人男孩被吞噬，然后重新出现在街角或监狱的队列中。

爸爸在和这种命运战斗。他在抚养、培训适应各种地形的士兵。他宣扬警醒与觉悟、纪律与训诫、信任与信心的重要性。逃避做家务，伸手越过桌子去够玉米球，打翻一壶果汁，都会被他教训。他的教育手法是随机的——你在离开前可能要听完关于布克·T. 华盛顿[18]的美德的训诫，或是他把一个女人抛弃在越南的故事。也有可能要挨上一顿黑皮带。

有一次，比尔和我在爸妈的床上摔跤，床架上的几块木板断为两截。我们拙劣地把它们重新安了上去。我们上床睡觉之后，爸爸妈妈才会回家。比尔指点我，如果爸爸问起，就说不知情。

爸爸先把我叫了起来。床是怎么回事？

我耸了耸肩。我不知道……

然后他叫醒了比尔。床是怎么回事？

我们摔跤的时候踩碎了。

我只敢在心里瞪比尔。

你就非要说个谎，把事情弄得更糟。爸爸说。

他把我们拎到楼下的后门。你们两个都出去。到后面去，你们想摔跤，那就出去，在后院里摔，现在就去。

他关上了门。我们看了看对方，比尔抓住了我，把我扔到了地上。我们两个听爸爸的话在泥地里打架，打了不知多久，才意识到他可能压根没看。

后来妈妈出来了，把我们领回楼上。爸爸已经睡着了。

我怕我父亲，但恐惧也改变不了我的天性。我带回家的成绩卡上写着稀松平常的话：**没有发挥出潜能，需要集中注意力，纪律方面有问题。**妈妈会去学校，然后带着偏头痛回来——她把这头痛传给了我们。她瞪大了眼，把指甲掐进我的胳膊里——

我才不要养一个一无是处的黑鬼。你的脑子在哪儿？你在想什么呢，孩子？

我在想周日的华夫饼和启明星，我在为太空堡垒里的林明美[19]、迷惑龙[20]、汤姆·兰德里和星际牛仔而悲伤，我在盯着三张桌子开外的地方，幻想着布兰达·尼尔穿着粉白两色的礼服跳舞的样子。

爸爸会像看一项注定以大败告终的事业那样看着向他走去的我，朝我拍三下手——

醒醒，孩子，走路的时候要让自己看起来有事可做，让自己看起来有地方可去。

我有过改变故事走向的机会。四年级的时候，爸爸妈妈让我去申请多家私立学校的奖学金。我参加了一轮轮的课堂参观，注意到它们的午餐是多么好，却在标准化考试中白费时间。多项选择和气泡对话框不在话下，我乱选一气，在几个月后得知自己被所有学校拒绝时故作震惊。

两年后，爸爸的教育手段变得越发激进。威廉·H. 莱梅尔中学坐落在杜克兰外的一座山丘上。从学校里面涌出各种狂野的谣言——副校长在操场上被人抱摔，排队打午饭时发生暴力事件，男孩们只穿袜子不穿鞋徒步回家。但在莱梅尔中学，老师们开展的是与爸爸如出一辙的战斗。在整个国家，有更好的工作、更好的薪水、更好的生活在召唤着他们，但是在第二次重建失败期间，莱梅尔中学奋力还击。校长们把学生们分成各个小队，每支队伍都以圣徒的名字——道格拉斯、塔布曼、伍德森和金——命名。他们身着统一制服，组成一个个贫民天才班，手持喇叭，喊出张扬的口号——莱梅尔中学是胜利者的中学。这让爸爸的努力事半功倍，他对我的那些训诫得到了强化，让我对历史和抗争有了深刻的了解。但是，当大比尔听到这些的时候，他跟我说了唯一重要的一句话：莱梅尔的黑鬼不会玩。

从宽宏大量的母亲那里被送回来之后，大比尔现在是泰奥加的固定一员了。比尔没有多少时间了，他马上就要上十年级了。他身材修长、八面玲珑，和凯恩对《永夜》的化用一样美好。他打着长长的哈欠把晾衣架上的短裤拽下来，而且和很多人一样，相信可以靠自己的弹跳力谋生。

必定是在那个愚人金[21]的夏天，比尔和约翰走了极端。他们俩在我们本地一家熟食店做兼职服务员，一个周六，他们在下班后带着我们的表亲加里坐上偷来的车兜风。那天晚上，爸爸得知他的两个儿子被关进了巴尔的摩警察局。爸爸开车去接孩子们，把他们带回家后，对他们进行了一场可以载入史册的鞭打。第二天早上，爸爸列出了一张劳动清单，泰奥加于是变成了一个劳动改造营，干的活儿比平时还要繁重。大概就是在那段时间，比尔被永久指定了卧室，就是和我、梅内里克合住的那间，梅内里克那时四岁。比尔在墙上挂满了他喜欢的球星的签名海报，比如人类电影精华和流畅王。[22]

现在妈妈会每晚检查我和比尔的家庭作业。爸爸则主持了一个强制参加的“每月一书”俱乐部，从我们认为晦涩难懂又无关痛痒的书里挑出一些来让我们读。比尔申请阅读《体育画报》的过刊，我想不起来爸爸有没有回应他这个请求。但我记得《逃往加拿大》，记得爸爸怎样试图教会我们伊斯梅尔·里德的独家幽默。比尔有他自己独创的笑话——

看看这一团糟的剪法，他一边说，一边指向里德的书封底上的画像。这个黑鬼留的是半边爆炸头。

周末晚上，爸爸管得没那么严，我们会坐在门前的走廊上，开着收音机，听纽约的实话实说节目。弗兰克·斯基起头，压下惠特尼和所有女性化的节奏与废话，直到阿弗里卡·班巴塔主宰这个夜晚。比尔会往自己的手提收音机的第二个卡盒里放一盘磁带，他把自己的绰号——MC 天命——用修正液写在两边的喇叭上。一些夜晚，住在沿斜坡往下两户的丹特会跨过他醉醺醺的父亲，过来和我们待在一起。有一次，丹特的爸爸喝醉了，试图用他的钥匙开我家的门锁。爸爸开了门，彬彬有礼地给他指明回家的路，让跑上台阶来笑个没完的比尔安静下来。

丹特会跟比尔击掌、碰拳再握手——我还没有用这种礼仪的资格——然后坐在砖砌的台阶上，随着《演出》《保罗·列维尔》的节奏点头。他对我们的姐姐克丽丝一片痴心，常常对比尔倾诉、抱怨或口头上占比尔的便宜。但比尔不为所动。他只会大笑着指出丹特的缺点——双耳像夏威夷岛，穿着破旧的阿迪达斯鞋——再花一小时挤兑丹特。然后他会用拳头敲一下丹特的胳膊说，滚出我家的门廊，小流氓。他们表现得就像所有相互调侃的邻家男孩一样。但是，就在街角，这个世界的无底深渊在等着他们，而他们对此一无所知。

爸爸通常在地下室里弄他的书。他没能理解的是，我们也在发掘，我们也在见证巫术——来点儿菲尔·柯林斯[23]，再来点儿比兹、奥芙拉·哈扎[24]和上帝的音乐。

爸爸在1972年离开黑豹党，走时被授予了“人民公敌”的崇高荣誉。这事发生在他第一次遇到我母亲后不久。他会在车里塞满关于自我的大智慧，开车去霍华德大学。他收拾好一张桌子，摆上许多记载被掩盖的历史和激进派箴言的书。在那些日子里，霍华德大学是种族正义的发祥地。这所学校在吉姆·克劳法下成长得更加茁壮，尽情吸收师生们的思想，他们因为自己的肤色而只能在屈指可数的几所学校中教书和学习。后来它已经不仅是一所大学了，它成了我们的麦加，在每一个身处底层的人看来都是如此。20世纪五六十年代，男孩们初到麦加，心里想的只是下半身，因为据说历史上从未有哪个时刻能与这个校园中的任意一天相比，如此之多美丽的女性聚集在同一个地方。但是他们不知怎么就被麦加改变了，当他们离开时，心怀霍华德大学传奇师长——比如埃里克·威廉斯和E. 富兰克林·弗雷泽——给予的勇气，逃亡南方，被治安官和三K党鞭打。

如今，在后马尔科姆·X和马丁·路德·金时代，麦加正在再度改变。爸爸在会议上卖书，那些会议承诺会在诗歌、私立学校和可靠之人的引领下建立一种新秩序。但有位长辈指明了他的孩子们该走的路，这一课比所有时兴的行话和他所观察到的生活方式都更有用。这位长辈曾经在霍华德大学工作，只是他的工作内容不那么体面：清扫地板，打理草坪，清理卫生间。我对他的人生一无所知，但我知道，他因为麦加的职工子女可以免费接受教育这项规定而心满意足。爸爸听说这事之后深受触动。现在，许多年过去了，他在穆尔兰德–斯平加恩找到了一份工作。养育七个孩子的现实使他极其需要这份工作，我的姐姐克丽丝和凯莉已经读大学了。家里还剩下五个男孩，其中的两个正坐在屋外，随着这新奇又动听的声响点头。

那是我们时代的声响，我们在其中认出了自己的所有欲望和巨大的恐惧。大比尔很有压力，因为墨菲家园向他揭示出这样一个事实：在许多时刻，他所拥有的只有他自己。那是1986年，可卡因时代即将来临。我们身边开始有人死去，奶奶、乔伊斯阿姨、比尔的外祖母维尔拉女士，然后是创纪录的事情——二百五十名巴尔的摩人死于谋杀。那一年，我的朋友克雷格在收工回家的路上被人残忍杀死。他班上所有的同学都依靠午餐券，而他是其中最穷的孩子。他的鞋子会发出声响，一周里的多半时间他都穿着一件红色格子的伐木工衬衫。他有好几个兄弟姐妹。半兽人就埋伏在他途经的地方，将他杀死。

我踏进这个世界，困惑于缓冲带的缺失，困惑于孩子一夕之间就要长成小大人。但大比尔心如明镜，一如既往。在墨菲家园事件发生后，他通过熟人四处打听，终于找到了一个武器贩子。他把那玩意儿藏进我们的卧室，藏进他那件鼓鼓囊囊的棕色皮夹克里。他在给我展示它的时候绝非色厉内荏或虚张声势，它的分量赋予了它权威，而我知道这份权威是实实在在的。从那一刻起，我的哥哥大比尔行走在外时总是带着枪。

第二章
即便那是爵士乐或慢拍的静谧风暴[1]……

当可卡因击中巴尔的摩，文明陷落了。爸爸跟我讲过从前的情形。在他年轻时，争吵和打架都是小规模的，而且都只是因为一些偶然的、不经意的冒犯：在走过陌生的街道时随着音乐迈步的动作太招摇，或者调戏了别人的妹妹。确实有活着就是为了挑事儿的帮派，也确实在每个月圆之夜前后会有一个杀手穿上他的犬牙纹大衣，乱撒钞票。但那时人们行事是有规矩的，哪怕爸爸猝不及防地碰上了一群不怀好意的流氓，他也知道自己可以举起双拳大喊一句“公平比武”，然后一对一地和他们的人对打。争斗导致的糟糕结果也不过是牙被打松或缝上两针，很少会出现创伤性休克，或者殡仪馆门口响起《有福确据歌》。

在爸爸那个年代，我们是一个紧密抱团的圈子，但是周围有恶狼伺机而动。我们全靠互相支持，彼此支撑。然而，随着时间的推移，我们忘记了曾经的自己，开始同类相残——身旁的弟兄成了喂养我们声名的食物。在夜晚，《新闻快报》铺展开每天的卷轴，与那些获救的狗、走失的孩童和可耻的银行家相伴的，是我们的身影，倒在点二二口径子弹的砰砰声里，栽进一摊悲伤的血泊。

我那时还没完全明白，但这是一个不光彩的转变。这个世界上遍布伟大的事业——曼德拉、尼加拉瓜和抵抗里根的战斗。我们却为了受压迫者缝制的运动鞋、为我们之外的组织带去利润的外套和绣着邦联各州名字的帽子而献身。我能感受到四面八方的陷落。枪械的泛滥摧毁了自然秩序，那些本该想着泰迪熊华斯比的孩子现在掌握着能使你的世界化为乌有的力量。但爸爸发誓要看护好我们。多位母亲在帮助他，我们被推进科学夏令营和音乐课。大部头的书从房间那头掷来，砸进我们怀里。

墨菲家园事件之后的那一年，也就是大比尔读十年级的时候，爸爸给他报名了向上跃进项目，那是“伟大社会”计划和官僚梦想着为有需要的人提供免费燃气、水和博士学位的时代留下来的。比尔被一种落后的心理攫住了。他用运动员和说唱歌手的标准严格要求自己，全然不把才智和书本知识当一回事。父亲努力想让比尔看到那些被街头举动所掩盖的东西，那些他未曾察觉的东西。

每周六早上，向上跃进项目都会拖着比尔和一群西区的孩子去当地社区大学，巩固与毕达哥拉斯、菲茨杰拉德和牛顿有关的知识。这是自主的——参加向上跃进项目的孩子是父母送去的，而非国家强制要求的，所以相当一部分的废话就从课程中删去了。然后到了夏天，在上过几周大学课程之后，他们去陶森大学体验全套的校园生活，在宿舍里住上一周。

这就是比尔的大学初体验，也是他第一次发现，高等教育也许并不是超出他理解范围的事物。但这个新想法并没有真的对他产生什么根本性的影响。我的哥哥那时是坚定不移、不可动摇的。他可能说得大错特错，却还是能沉着地跟你交谈下去，似乎你从未系紧过乔丹鞋鞋带或者向左边运过球。有一次我们去他母亲在詹姆斯敦的小屋待了一天，试图在雅达利游戏机上的拳击游戏里消灭对方。按理说那会儿我归他照顾，他明知泰奥加的规矩是禁食牛肉，却还是想方设法说服了我，让我相信一罐头意面和肉丸能通过爸爸的检阅。

比尔：兄弟，这没什么大不了的。爸爸来的时候绝对发现不了。就算他发现了，我就告诉他下不为例。他还有什么不放心的？

我：好吧。

但我哥哥的聪明智慧比不上他的意志力。爸爸来了，看见了空罐头，还有两只脏兮兮的碗躺在水槽里。当然，他走开了，并未立刻抽我们，但他让我们明白自己违反了纪律。我坐在琳达的沙发上，承受着他的言语攻击，骂我那无所不知的哥哥比尔这次错得多么离谱。比尔坐在我身边，无动于衷。又是一堂没能让他入耳的课。

他有选择地听别人说话，他最在意的是他自己内心的指南针，他相信它已调到了世界运行的正确方向。他像头牛一样，想事情直来直去，尽管不止我一个人觉得他这样很讨厌，但他永不动摇的品性也为他赢得了很多尊重。我哥哥不爱反省，这也让他无所畏惧。如果他看见你跟别人打架，一定会挥着武器冲过来帮忙，却在好几天之后才想起来问你为什么要打架。比尔是一个坚定又忠诚的人，所以无论在什么地方，他把那顶巴尔的摩坏男孩的帽子甩在地上，都能找到一起打架的盟友。

那个夏天，在陶森大学的宿舍里，他拓展了自己的交友圈。他开始在利贝蒂岗更往北的地方闲逛，在距蒙道敏大约一英里的沃巴什路和红杉路路口晃悠。他没有抛弃泰奥加，但一个壮志满怀的国王需要各路诸侯。你的军队就是你的一切，而有事发生时他们出现的速度将提高或拉低你的声望。比尔的新朋友们——马龙、乔伊和洛克——跟我们是同类，陷在公共住房区和郊区住宅之间那片难以界定的区域里。他们并没有住在肮脏污秽的地方，他们的母亲为此付出了巨大的努力。但他们依然不得不面对每天的暴风。那些最平常的事——走路上学，环绕街区骑车，去一趟超市——都有可能出岔子。真出了岔子的时候，我们能依靠的只有自己的拳头、那些承诺会守望相助的人的拳头，然后还有一些人别在裤腰里的枪。

当比尔被墨菲家园的人激怒的时候，他发誓再也不要那样无助。名声是一种预防性药物，如果你来自那几个让人望而生畏的幸运贫民窟，你就可以想去哪里就去哪里了。包括弱弱的我在内，我们都想拥有这样的待遇：行走在外时，凭借血统的力量把每条街道变成自己的主场。

因此，即使是沃巴什这种有小草坪、砖砌房，公共住房又很少的地方，也会期待甚至鼓励战斗。冲突往往始于一次小小的口角或绊脚，一出门，每个人都会绷紧神经。这就是战斗：巴尔的摩对于黑帮来说过于原始，万事万物都靠天然或人为界定的边界线来规划。沃巴什和红杉路组成的公国由火车轨道分隔开，北边是塔万达，一个平行世界，那里的人看沃巴什的眼光和沃巴什人看他们的一样。只有疯了的人才会跨过那些轨道。无论你想要什么——牛肉奶酪三明治、洗洁精还是女朋友，都得在你自己这一边解决。

那天晚上，大比尔、乔伊和马龙像其他所有人一样待在外面，待在他们的主场街角里。他们体味着青春的荷尔蒙带来的那种寻常的快感，那种无拘无束、活力四射的感觉。但同时，他们也能感受到那种无处不在的危险，他们随时有可能出岔子。在那些时刻，事实上，在那段时间里，“那些时刻”就是我们所拥有的每一个时刻，你的神经总是处于红色警戒状态。比尔的伙伴都过度紧张——压低笑声，压抑微笑，不会朝一个地方盯太久。

然后，事情就发生了。有人——没人能记起具体是哪个人——叫了起来，哟，是他们，他们跨过轨道往这边来了。

并没有什么观望和掂量彼此实力的过程。比尔只是伸手掏出他的武器，然后像朋友们一样，瞄准方向开枪。

他可能会上个头条，一个在游荡时撞坏了婴儿车的傻瓜。这番冲刺蒙蔽了他们的双眼，没有一个人看得见确切的目标。但是，在街灯刺眼的黄色灯光下，幻影落到了他们面前。有人尖叫道“条子！”，一行人随即慌乱奔逃，跑过归于寂静的街道，跑到马龙家的门廊，再下到他的地下室。他们吸了几口气，平静了一点儿，接着叫喊起来，彼此击掌，捶捶胸膛。哟，我打中一个。去他的，我至少放倒了两个。我听说这事的时候，它就像是《兔宝宝》[2]里的情节，或者是滑稽的西部片——激烈交火，却无人流血受伤。但这不是重点。

比尔听了父亲的训诫，但爸爸不可能代他生活。我们被一分为二——一只脚在美国，一只脚踏在刀剑相交的土地上。

有人告诉我们要举止文明，但四周全是大屠杀。比尔变得仓皇不安。带上枪就是握住了我们横冲直撞、东倒西歪的生命的方向盘。枪就是时间机器，就是锚——它对各色事件有决定性的影响。带上枪就是主宰自己的命运，成为一个生死不为人轻易夺取和胡乱丢弃的人。

比尔的逻辑来自伟大的大智慧，那是对自移民从普利茅斯石登上北美大陆之日算起我们生活方式的经验总结。每一代人都会在这份纲要上续写自己的章节。我们这一代书写的是破碎之城——西区、纽约哈莱姆区和第五区——的证据。智者们明白，死亡被塞进了我们每一个人的身体里，它时刻在奋力挣扎，想要破壳而出。所以智者从不以年岁计量自己的生命，而是以生活方式——他怎样行走，与什么人同行，如何接近一个女孩，他出现在哪里，不出现在哪里。这样的人把自己的生活变成了艺术，保证自己证明了这样一个基本的真理：无论“文明”怎么说，学校里的知识都被高估了，从根本上来说，我们都是动物。当我看见一位像我哥哥比尔这样并非完人的真正信徒时，我知道一些至关重要的东西被我忽略了。

自生命之初，这种大智慧就被传授给了我们，无论我们是否已意识到。街头教授们在街角无形的讲台上授课，大智慧得以传播。他们的面孔被烟雾笼罩，被压低的坎戈尔帽遮挡。他们讲的是《龙与地下城》基本款、酷用和黑人理发店一百零一堂课等神圣文本。他们用套着皮手套的手翻开各个章节，比如《微妙且易被误用的击掌握手艺术》。那里有歪戴棒球帽的几何学，听什么样的笑话该笑以及笑多大声的工作原理，还有关于交叉运球的完整著述。比尔吸收了大智慧，然后戴上一顶羊皮帽，穿上长外套离开了。我逃课，在课上打瞌睡，笨头笨脑，总是犯错。

我去莱梅尔中学报到的第一天，就成了无知的典范。我独自走路上学，严重违背了万物的自然规律。我第一次意识到这一点，是待在家门前的门廊里，帆布背包挎在一边肩上，看着一小群一小群的孩子走下蒙道敏停车场尽头的绿色山丘。去学校的路上，每个人都是这么走的——三人或三人以上同行。他们彼此间有一种扭曲的情感，源自他们共同面临的威胁。他们不停地环顾四周，就像别无选择似的对旁人投以挑衅和警告的眼神。他们频繁地互碰拳头，似乎在说我在这里，我在你身边。他们的 Starter 牌帽子被压在恰当的角度。大家走路的样子像是有同一首歌在他们脑海里奏响。那是一首我闻所未闻的歌。我把背包拉得更紧了些，走我自己的路。

后来我明白了，那种几乎听不见的节奏就是大智慧，它让你时刻准备着，准备好面对任何忽然开始挥动武器、举枪射击的人。那时，我不了解任何背景，也没有抵御恐惧的高墙。我能感觉到它，却说不出来。

我没怎么注意到那些巨大的不公，即便母亲给我看过奴隶船的图纸、追溯德萨利恩与图森特革命的童书。但当不公直接盯上我，哪怕这不公很小，我也能察觉到。我知道，在去学校的路上感到害怕是大错特错的。

独自走下山路的时候，我渐渐明白自己选择这种上学方式何其不明智，但好在我还是安然无恙地到达了莱梅尔中学的大门。我爬上长长的水泥台阶，站在学校的一个角落里等铃声。我看着地面，试图从人们眼前消失。

我身陷乱糟糟的数字和复杂组织之中。莱梅尔中学的学生被分为三个年级、四大类和十六个班级，从特殊教育班到天才班。每一类都以一位英雄的名字——哈莉特·塔布曼[3]、布克·T. 华盛顿、卡特·伍德森——命名。我在 7–16 班。我们班被划为瑟古德·马歇尔[4]组的六个天才班之一。我不知道我们中有哪个人很天才，倒不如说我们的父母都比较成功，或者母亲在市政府部门工作，他们的学位是在柯平州立大学修完的。他们已经走得够远了，足以了解外面的世界有些什么，了解他们一路走来错过了什么。这类父母就是那些所谓的学者在其黑人社会病理学论文里抹除的部分。但我在莱梅尔中学能清楚地看到他们的影响，我还能看到老师们总是在寻找那些比别人反应快两秒的孩子，那些看上去会走到比杰瑟普或街角更远的地方的人。这些老师在楼道的椽上挂好了宣传语：**事在人为……我们选择前进，马歇尔组；我们能成功……我们会成功。**

这座城市的许多问题都止步于莱梅尔中学的门阶。门外的孩子来自公共住房、收养体系、连灯都装不起的家庭，父母关闭了奥德尔台，只能放任他们在街上乱跑。莱梅尔中学卓尔不群，因为巴尔的摩西区的一切骚动环绕着它，却未能侵入。学校的守护者们秉持积极主动和自助自立的信念，他们最喜欢的是“信心”、“争取”和“实现”这类词语。他们把莱梅尔看作营地，他们自己则是受召唤而来，将我们改造成文明人的传教士。

我们班是由十字军战士尼科尔斯女士统率的，她把自己的正式名字从埃莉诺改为具有不羁意味的萨迪夸。她的脏辫垂在背后，皮肤黝黑而光滑。她是会买爸爸和我们其他人兜售的图书的那类女性，她们会研究摆在桌上的选集，并且相信那些封面包裹的内容可以填补这世上的缺口。我在她的课上待了不到二十分钟就听到她爆粗口了。她脱口而出——哦，那就是坨狗屎，去他的。我和其他同学一样，听到这些粗口就开始傻笑，但不会笑得太大声，因为她戴着黑人女看守的徽章。她的眼神尖锐如刀，插在课上乱说话的男孩们身上。你可以看出她来自沃尔布鲁克枢纽这类可怕的地方，她已脱离那片街区，但它的痕迹还留在她身上。不过，她是个哲人，她利用社会研究的宽广范围，滔滔不绝地讲述性、素食主义者、里根、种族隔离、埃赫那顿[5]和上帝的来处。

这就是我爸爸理想中的一切了——在漫长的艰苦奋斗之后，他终于能叫醒我们，让我们像在家里一样坐在教室中。这种努力贯穿于他和我的每次互动。只要他有时间，就一定会用最新的亲子课程霸占我的周末。

爸爸：塔那西斯，别看动画片了，跟我来。

我：我能再看一小时吗？

爸爸：（**一个“我可不是在跟你闹着玩”的表情。**）

我：（**关掉电视**）好吧。我去拿外套。

我们坐上他的棕色小货车，穿过城市，车里播放着公共电台的广播，父亲又一次给我讲了黑人滑入毁灭深渊的故事。他会驶下北大街，访问所有的外卖餐馆、假发商店和酒铺，指出没有任何一家店铺的老板是黑人。我们会停在金亚兄弟文印店，爸爸坐下来聊一通他那些兄弟、民族和黑人的事。

回家之后，我只想去楼上的卧室，筋疲力尽地倒在床上。但爸爸从不知适可而止为何物。他总要把我叫下来，到地下室里，再指定一本书让我看，这是另一段从尼罗河流域到祖鲁人[6]背水一战的历史。翻动书页的时候，我能感受到什么比纸张更炽热的东西，像一团闷烧的火焰一样点着了整个房间。过几天爸爸就会要我提交阅读报告。尽管使出了浑身解数，但我还是只能模模糊糊地记住部分内容，而且就算是能记住的东西，我也复述不出来。每当我说出某个特定的词，或者结结巴巴地讲出某个重要概念的大致意思，他的眼睛会忽然一亮。他的反应让我明白，即使是我记住的那么一点内容，它的意涵也是宝贵的。但这一切都不起作用。我那时太小了，还看不到我的先祖们留下的武器：高高的褐色草丛中的盾牌，紧挨着树的斧头。

我的数学老师是钱斯女士，在她心中，地位比数学高的似乎只有她的孩子们。她很有腔调：几乎是南方口音，头发挑染了红色，用辛辣调的香水。她的激情感染了我们，让我们开始朝朋友夸耀，自己年仅十二岁就懂**代数**是怎么回事。她讲课速度很快，放学后还要办辅导班。她自觉自省的方式和我父亲的不同，那是我不知该怎么形容的方式，但哪怕隔着一百英尺我也能认出来——就是那些奋力竞争，想要看到自己的杰作得以展示的黑人们的通用方法。你是你自己最大的敌人，她告诉我。她讲二次元方程式的时候扫了我一眼，发现我在仰头看天。

塔那西斯，醒醒。

我不是个用功学习的孩子。我飞快地得出结论，却又越来越失望于世界固有的模样，所以我几乎不会在研究这个世界上投入任何精力。但是，我会学习别人鼓励我了解的东西。我像阅读伟大的小说一样阅读社会研究的文本。我在代数方面还是新手，却被钱斯小姐的承诺引诱着去参加了课后辅导班，直到我拿回家的成绩平均达到八十分，这对于我的成绩单来说称得上是巨大胜利了。

事有例外，二年级的时候，我的老师告诉我母亲，她怀疑我有轻微的发育迟缓。但是，在莱梅尔中学上学时，我真的很放纵，在法语课上睡觉，梦见铅笔战争和纸上足球。我们还有幸能学习拉丁语，但我把绝大部分时间花在了插话聊天、找借口离开座位上。我探查到了老师们的弱点，并逐渐让他们相信我的父母在嗑药。

从莱梅尔中学步行回家的路上，我无法摆脱与生俱来的做白日梦的习惯。我思绪万千，几乎注意不到周围的任何东西。我可能会踉踉跄跄地跟一辆疾驰而来的车擦身而过，差点儿撞上它的挡板，却只感觉到一阵微风。但我还是有足够的智商，知道是时候和朋友们——勒罗伊和顺路的其他人，都和我同龄——一起回家了。我们往绿草如茵的山丘走去，但到了山脚的时候，我通常已经落到队尾了。也就在这时，我发现了一直以来别人警告我要提防的，那些掰响手指、盯着我看的人。

一开始我只看见其中一个人，但这种事就像是三张牌魔术，你也永远不会知道是否还有十个人藏在一边，等着你走近或者被石头绊倒。他靠近我，看似全无恶意，但他那些和平论调都是谎言。在我慢慢集中注意力的时候，他快速地给出了为什么要靠近我的托词。他装出一副困惑的样子看着我，仿佛我知道答案。这答案有可能是一个项链被抢的表亲，一个在港口被人堵住去路的弟弟。这都不重要，因为这都是他编出来的谎话。的确，我们的法律已经基本上把我们抛弃了，但我们还没有丧失羞耻心。根据以往的法条，一个男孩在和朋友们一起动武之前，必须先说明进攻的事由。但考虑到这是个扭曲的时代，所有控告都是凭空捏造的，都是借口。

我没有回应。我不知道发生了什么。又有三个人出现了，他们躁动不安，放弃了那种虚伪的交际手段，其中有个黄皮肤的人，穿着栗色汗衫和牛仔裤，他朝我走来，挥舞着双手——

混账东西，怎么了？

但那时我的同伴们已经发现我不见了，集体折返回来。勒罗伊帮我解了围，他碰巧和他们中的一个人同班——

别这样，哟，他没事。

他们上下打量我一番，然后退开了。

那样温暖的周五，往往意味着争斗季的来临。天气很好，男孩们穿着阿迪达斯贝壳头鞋和运动套装出门。后来我知道了围住我的那些人都是谁——了不起的希尔顿人。他们也是在莱梅尔中学就读的孩子，却是那种上课一直睡觉，通常到了十年级就辍学的类型。他们都是为课后活动而生的，他们是在杜克兰山脚下的 7–11 便利店门前游荡的邪恶之源。在那里，漫游者们拿着霍斯特斯面包，伸手去摸女孩们正在发育的屁股。

他们这类小团体人数各异，将莱梅尔中学划分为众多领地，他们因来自同一个街区、班级或小学而聚集在一起。他们在底层挣扎，眼界很低。他们站在公交车站里，站在地铁站里，成群结队地去路边摊，给醉汉再灌上五分之一加仑的酒，又涌向市中心，猛冲进有表演的地方。他们会在蒙道敏商场外游荡，就在蟹屋餐厅和穆里牛排店中间，试图扬名立万。

我是在长辈们的斗争中长大的，斗争意味着铁颈圈、割下的双脚、《卑鄙的哈莉特》专辑封面的步枪，以及岁月中的的穆斯林们和高贵的马尔科姆。但我在自己身边看到的最多的是十足的耻辱：每个房间都连着有线电视和雅达利游戏机，未成年人成为父母，黑鬼运动鞋挂着和房屋抵押贷款账单一样的价签。我们中觉醒了的那部分人明白，整个种族在走下坡路，我们把自己从奴隶制和吉姆·克劳法中解放出来，却没能把自己从巨大的思想桎梏中解放出来。那些漫游者对广阔的世界毫无概念。我们以为自己的所有战争都是土生土长的，是个人的行为，但是我们能感受到看不见的手在操控，仿佛背后刮过一阵阴风，仿佛还有别的什么人在猛拉杠杆和线绳。

抗争的模糊性让大多数孩子成了野蛮斗士，但还是有我这样的少数人保持着非战斗人员的身份。我两颊饱满，滔滔不绝，我的笑能感染身边最冷酷的孩子。这种放松也让我变得柔弱，在早晨去教室的路上，当我趺趺撞撞穿过那些被分进庸才类别的孩子时，我成了关于马歇尔组的最危险谣传的确证。马歇尔组的大部分成员来自更南边，在那里，城市的新污秽已经成为一种无可置疑的自然状态。他们明白自己在这种新生态中的位置，但他们仍然不愿装聋作哑。他们比自己的朋友、叔伯和表亲都更敏锐，他们中有一些人甚至把这一点与街头魅力结合起来。查尔斯·戴维斯可以身披黑色短夹克，以完美节奏滑步走进代数课堂，他是少数懂得怎么把拿教科书的动作做出时尚感的孩子。

但这类孩子中的大多数早已明白，自己既不风趣也不敏捷。他们也许可以在回防时完成一个跳投或者双脚连触转身，但他们的天赋多半在其他地方，而别的男孩女孩并不会尊重他们。在大约三年级时，他们明白了一点：拳头可以弥补这一切。如果他们能高举自己的双拳，就可以避开许多麻烦。他们的刺拳是否是胡乱打的，他们的摔跤勒头是否不过是个实在些的拥抱，这都无关紧要。他们顶天立地站在那里，而非抱头鼠窜，就已经昭示了自己不是好欺负的，并向那些恶棍发出了警告：天下没有免费的午餐。现在他们已经从小学的早期战场中活了下来，来到了莱梅尔中学，身处一个糟糕的混合体之中。青春期的男孩热血沸腾，血气方刚，这在大多数情况下最终会导致他们大打出手，拳脚相向。他们在生活里又缺少成熟男人和父亲的指导，成熟的男性可以教会男孩们分辨事物之间的细微差别，掌握和运用新的知识。而女孩们的姿态和身材曲线正在发育，我们都拼命地想要给她们留下深刻印象。接下来要说说 7–16 班——马歇尔组——学校里的书呆子，容易受骗上当的傻瓜。

那时我们班里的几乎所有男生都听过这个说法——7–16 班的人好欺负，这个班的男生甚至守不住他们门前的那条走廊。我们班的人行动的时候都会叫上更多的人，因为或早或晚总会有一个人受到袭击。

这就是马歇尔组——莱梅尔中学最优秀的、前途最光明的一群孩子——结成帮派的过程。他们上学前在自己的那片领地内集合，他们吃午饭时有自己固定的桌子，他们会随时互相勒一下脖子来确认彼此间那种微弱的联系。在卫生间和午餐桌边，他们会用拳头互相攻击，然后对彼此的反应品评一番，因为这一切都是针对大家面临的外部世界的演习。

但我信奉的是递烟讲和，订立和约。我的行事风格是君子动口不动手，三十六计走为上。这是动物的策略，装死以期捕食者会转头去寻觅别的猎物进行一场真正的战斗。这是典型的非大智慧，是对自然和人性的根本误解。这一谬误是在海恩斯小姐的拉丁语课堂外被揭穿的，就在午餐之前。7–16 班的男孩们围在我们四周，奎西·史密斯站在几英尺外。我俩在莱梅尔中学都是新人，也因此成了患难之交。但他学得更快，当 7–16 班的人形成包围圈，而我的眼睛还在慌乱地扫视这堵人墙，希望找到突破口的时候，奎西已经举起双拳，准备战斗，因为他看清了眼前的情况。

随着时间的推移，我和奎西熟络起来。他邀请我去他家院子里烧烤，去海湾边的垂钓点享用他的生日晚餐。他和我很像，我们都穿号角男孩牌衣服、跳伞裤、别有黄铜徽章和“第五侦察队”之类神秘标牌的高翻领毛衣。

那都是几个月后的事了。今天不一样。有人——也许是梅里尔、杰拉德或莱昂——鼓捣了这事。他们想看我们两个人对打。一个声音从人群中传来，让我们看看你能不能拿下这混账东西，诸如此类。我举起了拳头，想的是**他不出拳我就不动手**——事实正是如此。我还在琢磨，奎西已冲过来给了我的下巴一巴掌。马歇尔组的其他人正在换教室，我听见整个走廊里立刻爆发出笑声，这声音在学校里回荡，在城市里回荡，我感觉到大比尔正在某个地方摇头。

这相当失礼——我甚至还没活动好指关节。我们又慢吞吞地比画了几下，一个老师赶来拦住了我们。但这就是一切的开始，始于一个甚至不会伤到人的拳头。午餐时间，这个故事在餐桌边和取餐队伍中一传十，十传百，我不认识的人在用更夸张的方式重述这段故事——

那个黑鬼就说，你他妈要干什么，贱人。塔那——他们这么简称我的名字——号啕大哭。

我感觉我本就脆弱的地位更加岌岌可危了。我试着把这件事说明白，但连我自己都没明白究竟发生了什么。我可能非得把奎西杀死在食堂里才能重获尊重。

从那以后，我就成了容易被欺负的人里最弱的那个，而我的软弱也受到了鄙视——最糟糕的是，被有天赋的孩子们鄙视。对我的鞭笞只有部分是男子气概的宣示，主要原因纯粹基于逻辑。7–16 班的人在我身上看到了所有这世界对他们的评价——软弱可欺，而这是不被允许的。那一年我没在马歇尔组交上多少新朋友。而与我交好的那少数人又无法理解我为什么不肯投入战斗。

在家里，我也只是稍微能更融入一点。我们的社区非常宁静，和蒙道敏的其他地方没有可比性。我们对《住房法》第八款一知半解，也没有丰富的历史遗产——没有年长的神明用械斗和毒品的故事来款待我们。我们的房子都很沉闷，用砖砌成，它们看起来极其卑微，建在天然的斜坡上，东倒西歪地挨在一起，只有很小的后院，地下室的门像防空洞一样嵌在地上。还有不值一提的草坪和被遮盖的门廊。但它还是比公共住房项目的房子更好，也更糟。

我们没有健身馆，也没有挤满了拥有传奇防守能力的球员的球场。德鲁伊山公园的球场又离得太远。我会在宽阔的停车场里放风筝，或者跟勒罗伊和其他朋友一起往公交车和出租车上扔雪球。在蒙道敏和我们的小屋之间的草丘上，我们打球，徒步，往深处探索。在房子后面，我们丈量宽阔的巷道，为我们的响尾蛇牌和獴牌自行车比赛画赛道。

我的大智慧足够我明白，运动员——乔丹、泰森和劳伦斯·泰勒[7]——是我们的王。还有马里兰大学的伦·拜亚斯[8]和他那讨厌的一连串投球。他的比赛都应该被封闭在监狱里。拜亚斯那伪装的第一步太完美了，当一切迹象都显示他要做风车或拉杆扣篮时，他又会在十八英尺外跳起，冷静地将球投出闪光的轨迹。大比尔为他着迷，他密切关注《太阳报》上的个人得分，剪下头条，幻想着拜亚斯进入甜蜜十六强。

比尔会在爸爸的地下室里把碎报纸团成一团，然后朝着垃圾桶瞄准。他会把铁丝衣架敲弯成一个铁箍，塞进门和门框之间。然后他会用周日的《太阳报》做一个报纸球，用封箱胶带缠好。他如痴似狂。他让我去收集爸爸的工具，然后去蒙道敏那边的超市里偷奶瓶箱。在森林公园和利贝蒂路中间的巷子里，比尔、杰伊、丹特还有社区的其他男孩聚集在一起。对比尔来说，把巷子变成球场算不上什么，还在公共住房住的时候，有一次他用一个自行车轮子变出了麦迪逊广场公园。他把奶瓶箱的底部割下来，一个伙伴扶着梯子，他爬上去把这个篮框的替代品钉在电线杆的一块背板上。然后他抓住橙色条纹的篮球，用一个后仰跳投启用自己创造的这个球场，接着开始致敬拜亚斯：十八英尺外的拜亚斯，横贯全场的拜亚斯，为比赛而生的拜亚斯。

规则逐步建立，巷道和水泥地上的裂缝就是罚球线和边界，被打手犯规的时候我们都备感荣幸地喊一声“开球！”。从篮球开始，这条巷子人气渐旺，成了文化中心。比尔会把他的手提录音机和弗兰克·斯基的磁带拿来。傻瓜们会分发气手枪，瞄准旧滑雪衫上的线头射击。这些活动不会随着冬天的来临而结束。阴云聚拢，向整个城市倾倒雪花。但到了第二天，我们用铲子重新开辟出一大片灰色水泥地。我们戴好头盔，重新开战。那个奶瓶箱能坚持几个月，直到一天早晨我们到那儿的时候发现只剩下一点塑料碎片和弯了的钉子。我怀疑是鬼魂干的，他们受了新月之夜的刺激，新月升起，就如同达瑞尔·道金斯[9]的复仇。

但我还是原来的我，那条巷子不是我的自然栖息地。我的默认姿势是摊开四肢躺在床上盯着天花板，或者给丰富的《X 因子》漫画书收藏做分类目录。这始终不符合爸爸的要求，他坚持要我搞明白我自己世界的波长。在我房间所拥有的安宁的混乱中，万事万物都是确定的。在我查阅野兽的蓝色外套或者琴·格雷[10]念力的来源时，父亲会阴森森地出现，在我的伊甸园门口投下阴影。

出去走走，他对我说。这是你的社区，他们是你的同族。

我打起精神，和比尔在巷子里见面，开展这世界上最令人厌烦的游戏。我会二次运球，走步，打手犯规。我的投球重重地砸进水沟。扒手开始干活前，我或许能逃脱两次运球的惩罚。

回到家之后，比尔会发现我在做白日梦，他会朝我的胳膊打一拳，希望我终于能愤怒地奋起还击。但大多数时候我都只是尖叫一声，倒地不起。

大概就是那时，比尔开始留意泰奥加的所有可爱女孩，谋划着让我成为一个真正的男人。

哟，你怎么不去勾搭一下特拉。比尔一边说，一边学里克·弗莱克的夸张样子，满含暗示地抬抬眼睛。在比尔日渐结实的皮肉下，依然留有小男孩的痕迹，这让我只想叹气。娇小又诱人的美人哟。

我当然注意到了，身边所有女孩的身材都开始显露出曲线。当我第一次看到把烫过的长发拢起来系上红丝带的女孩，蓝绿色衣裙在周日微风里飘动的棕皮肤女孩，穿着约达西牛仔裤的气度不凡的单身母亲，我会一连好几天别的什么事情都不想。我在这方面真是遗传了我爸，但我没有他那份勇气。有女孩在场的时候，我会因为害怕而虚弱，这种害怕掩盖了我的一个基本认知：我什么都给不了她们，也说不出什么有价值的话。

特拉就在那里，她晃着自己的蘑菇头，她的腰胯线条向下收紧，就像锥形的冰激凌筒一样。她既不微笑也不大笑。她不太说话，也不同比她年长的男子交往，这很令人惊奇。在她身边，我的舌头卡在嘴里，变得有口不能言，有目不能视。我缩着肩膀，盯着地面，漫步回家。我径直走上楼梯，一屁股坐在床上，跌进被单、床垫弹簧和地板里，跌进绿油油、金灿灿的树叶里，直到降落在一个修改过规则的世界里。特拉在色彩柔和的海洋里漂浮，直到她站在我的面前。她张开透着欲望的双唇。我凑过去，拉近我们之间的距离，此时，大地震颤，这世界分崩离析。大比尔站在我身边，用拳头捶了一下我的胳膊。

他肯定是把这一切当成了自己的事。他相信科茨家的大流散，相信他自己身为“二号族长”的角色。孩子们分散于各地。马利克在巴尔的摩东区，约翰在兰德尔斯敦，克丽丝和凯尔在霍华德大学就读。当我们聚集在泰奥加的屋檐下，比尔自命为领袖。他会带着我们去看日场的《龙拳小子》，或者为夏季运动会的比赛做计分工作。晚上，泰奥加发出嘎吱嘎吱的呻吟，比尔就分发锤子和操纵杆，来和想象中的夜贼对战。

他把照顾我们当作他的责任，尽管我们并不要求他这样做。我想这给了他一种更强大的自我感知。但比尔是一个他根本无法清晰描述的人的继承者。那些年，我们注视着爸爸，误解了他太多。在我母亲那边，我们的表亲过着美国人的生活，他们在哥伦比亚的郊区游乐，参加少年棒球联盟，在资金充裕的广阔场地里打球。他们的父亲是老兵，没有被越战摧毁。他们高声谈论烧烤、车轮螺母和高尔夫球。他们的房子相互独立。他们的街道名字都是鸽子高飞之路和常青大道之类。他们在圣诞节挂彩灯，卫生间里有成套的手巾和面巾。我们和他们是同一类人，爸爸却把我们流放到了这个几乎是贫民区的地方。

爸爸却一点也不愧疚，更大的力量在起作用。我们身处第二次非洲大屠杀的痛苦中，或者说这是第一次大屠杀的延伸。我们身边的长者们滑向耻辱的境地，在酒桌和赌台上消磨了昔日的光彩，留下众多觉醒了的男孩，他们茫然、愤怒又困惑。但爸爸抵抗着异教徒的呼唤，分开了堕落骑士的污浊湖水，伸手去拿他的利剑。

做一个觉醒者，不仅仅是要领悟那些恰好支持你这一方的晦涩书籍。这是一种感觉，一种知道我们生活中某些重要部分出了问题的深刻感觉。爸爸焦虑不安，他很不擅长闲聊，几乎不看电视。因为一旦你觉醒了，每一个广告、每一个节目都会被你挖掘出深层含义，直到它赤裸裸地展现出自己在这阴险的美国阴谋中扮演的角色。

爸爸并不是没有幽默感的人。有一年冬天，他把我们的绿沙发丢了出去，整整四年都没买新的。比尔会为了缺少家具而发脾气，但是，当亲戚朋友们来访的时候，爸爸会看着那块空地说，哦，嗨，加里，在我们的新沙发上坐坐，那是皮的。

有时，爸爸会在周六和我一起看橄榄球，我们两个人躺在那片空空的地板上。他会为了老鹰队紧追我心爱的达拉斯牛仔队而欢呼喝彩，这时我就会换边支持。

儿子，你要是换边，可就算不上真球迷了。

即使在这里，爸爸也不是自由的。在没有其他黑人四分卫的那段时间，他喜欢道格·威廉斯，在坦帕湾为他加油。然后在1987年冬天，在超级碗的比赛上，已经转投华盛顿红人队的威廉斯从替补席一瘸一拐地走上场，爸爸站在电视机前挥着拳头大喊，加油啊，道基，加油啊！威廉斯为我们所有人轻松打败丹佛，在一局内四次触地得分，也成为第一个举起隆巴迪杯的黑人兄弟。当威廉斯那双黑色的手拢住奖杯的时候，爸爸激动得两眼放光。爸爸压根不喜欢红皮队。

但他从族群的角度看待一切事物。他读马库斯·加维的预言，而且他相信那些事会实现。他响应了这一号召，担起了建设加维王国的重任，在我们眼中，他坚不可摧。

但他也是让人难以忍受的。70年代末，我的父母在伍德布鲁克大道买了一幢房子。1979年，爸爸去亚特兰大大学的研究生院读图书馆学专业的硕士。而妈妈刚满三十岁，她坐在床上流眼泪。

爸爸制订出他独有的清真食物列表。当他有太多时间去思考时，他就变得很危险。在不同时间，他分别禁止我们吃精白面粉、精白米、糖和一切肉类。之前他做过点缀有桃肉的冰激凌和饼干，给我们的奖励就是葡萄干、花生和角豆粉布朗尼。他还会给我们吃涂着蜂蜜的全麦煎饼。鱼肉就是全家的盛宴。但我过敏，如果他们在家做了太多鱼，我就会起疹子。在我们搬到泰奥加之前，爸爸已经放宽了限制，他在可行性面前被迫让步。糖和家禽又回到了我们家的餐桌上，妈妈会烤胡萝卜蛋糕和鸡腿。

但当比尔搬回来和我们一起住时，他早就习惯了牛排、肋骨和香肠——他和自己的妈妈一起住的时候，这些都是日常食物。他有一次围观我妈妈做饭，她做的是一盘素热狗——为素食主义者准备的热狗。

这不是热狗。他向我母亲提出这一富有建设性的意见。

在这个家里，它就是。她回答。你要是想吃别的，就自己出去买吧。

比尔和我妈妈之间的距离要多远有多远。她是他的继母，但是包括同父异母的兄弟或姐妹在内的这类专业术语在我家都不许提及。但比尔依然是核心家庭的拥护者。爸爸会离开这间小屋几天，去寻访一位被人遗忘的历史学家，追溯一本书的版权，或者说服一些人把论文投到霍华德大学。爸爸非常具有大局观，但他通常把细节问题留给别人，比尔住在泰奥加期间，我妈妈总是不得不努力管住他。

在泰奥加，妈妈干着吃力不讨好的活儿，还要处理各种意外状况。说到日常的管教，爸爸只在最坏的情况下出现，当我们错得太离谱的时候，他才会受召而来。在那些时候，妈妈就昂头走开，留我们在卧室里等待，直到深夜或清晨，爸爸的魅影挥舞起他的黑皮带。

我们只有做了什么无知的事才会有这种待遇，这也是我一年才有一次的功绩。但妈妈有她自己的威严，如果她把声音压低到只比耳语高几个分贝，那就是最危险的时候了。她在吉尔摩的公共住房区长大，年少时，她从未遇到过自己不愿看到的打斗。爸爸营造了一种超自然的畏惧，但妈妈却是他落在实处的化身，负责监督我们。那些日子，我和妈妈更亲近，主要是因为爸爸是在奥林匹斯山顶上宣讲，又像瘟疫一样下凡，而她说话简单明了，谈论任何事情的口气都好像那不过是本地天气预报，哪怕是谈论性。

你要知道，孩子，在她的那些谈话中，她有一次这样对我说，不论你什么时候开始，温柔一些。不要一上来就对女孩粗手粗脚的，记得温柔一些。

但她不会在爸爸面前包庇我们，有时，为了代替他教育我们，她会露出冷酷无情的一面。我母亲是第一个揍我的人。有次我跟她顶嘴，她一把抓起高跟鞋来。我飞快地逃跑，忽然下意识往右边一躲。那只鞋子从我身旁嗖地飞过，在墙上砸出一个坑。我震惊地回过头，妈妈大笑着转身走开。

比尔很讨厌他和我母亲之间尴尬的关系。有一次我回到家，发现他正大发脾气。他在和一个朋友打电话，声称要爆料爸爸的八卦。他说我母亲是个秃顶的贱人，她的头发很短，是那种觉醒者的自然发型。我快速经过他身边，一言不发。我从来都不知道该如何面对怒火，我能感受到愤怒的利爪插进我的身体，但我的天性不会允许它们停留太久。我以为这些情绪就这样消失了。过了很多年之后，我才明白并非如此。但那时，我不知道该如何自处。

接下来的一周，我没怎么和他说话。我知道被别人羞辱母亲时该如何做，知道儿子的义务是什么。我应该考虑在饼干里加砒霜，等他睡着了用烧热的拨火棍捅他的眼睛。但我对持续燃烧复仇的黑色火焰这事儿并不擅长。相反，我几乎是理解他的。我们有不同的母亲，我们眼里的世界是不一样的。他是个很糟糕的莽汉，但我仍然像大多数小男孩崇拜他们的英雄哥哥那样看待比尔。我把他的旧耐克 T 恤和灰色的阿迪达斯运动套装偷来，期盼着他的所有勇气、坚强，他那令人畏惧的拳头在洗涤的时候渗透出来，激发我身体里潜藏的男子气概。

那当然是愚蠢的异想天开。回到学校，我惊异于我的兄弟果哥从被人抢劫的对象变成了文化英雄。我们定下了守望相助的约定，因为我们都笨手笨脚，不适应莱梅尔中学的生态系统。他处理危机的方法很有问题。他的时尚品位平淡无奇。他那种随和的性情是其他大多数男孩都试图用盔甲掩盖的。他过去的奴隶名是安特万·史密斯，但马歇尔组的人都叫他果哥，因为他嘲笑一切，讲烂笑话，全然不顾那些因街头生活而显得必需的面具和遮蔽物。和我一样，他身上有些特质，来自一个那些地精都不害怕的无名之地。但这就是我们全部的共同之处了。

我已经数不清果哥被围堵多少次了。大家对事情经过的描述就像同一英雄主题的口述历史变体一样，有各种各样的版本：果哥站在那里，在学校楼梯的底端，破坏分子围着他，他们不敢公平比武，即使果哥总是放松又随和。他们围成一个圈，寻找最佳角度，趁其不备挥出一拳。这些黑鬼根本没有看到果哥的战斧，男孩们只是向他蜂拥扑去，然后被打飞，失去力量。他勇猛地战斗，击退人潮，直到风暴平息。随着每一次转述，他的功绩越发伟大，邪恶势力的人数越来越多，他们的手段也越发残暴。他们来自道格拉斯高中，已经该死地接近成年了。他们的大队人马拖着沉重的步伐，从树林里走出。他们开着溅满油漆的货车前来，把车停在路边。他们戴着安全帽，穿着钢头工作靴。他们挥着两英尺厚四英尺宽的木头，舞着钢管和砖块。果哥一次也没有占过上风，但他拥有崇高的斗志，他简直就是约翰·亨利[11]。马歇尔组的人给了他某种意义上的尊重，这种尊重可不是一次跳投或者约到漂亮姑娘就能赢得的。这条街的大人物嘲笑他，时代凌驾于他，但他拒绝被吞没。

在加里森路和利贝蒂路交叉口的公交车站，他说出了自己力量的来源，我难以置信地瞪着他。我们站在一个消防站的斜对角，马路对面是吉姆·帕克酒吧。我在冬天的寒意中瑟瑟发抖，我那顶天蓝色的耐克毛线帽刚刚被人抢走。

这就是那种逐渐将我们放倒的破事。有这样一个巴尔的摩，那里的学校就是让人去上学的，在那里，一个孩子最担忧的事情是拼写测试、尴尬的春心萌动。旋转公园这样的街区有人欺凌弱小，有胖孩子，有叛逆期的不良少年。

但在蒙道敏，我们中的那些掠夺者使一切都腐烂了。他们不是在成长为更好的人，也不是在寻找更深层的自我。大智慧是一种疾病。有些人比别人更快地接受了它，但最终我们所有人都会接受。我们都厌倦了感动。我们和其他地方的男孩一样，梦想着火车模型、神奇队长和化学实验套装。但对我们来说，门外游荡着半兽人，他们满嘴鲜血，永远等待着我们。在某个时刻，我们厌倦了被他们蹍碎在脚下，于是转而拥抱了大智慧，和其余所有人一样，开始在黑暗中摸索着长大成人。

每一个黑人男孩都必须用自己的方式理解这一点。果哥就像牧场上的冠蓝鸦，这让他与众不同，因为连他都明白了这一切。那个冬日的午后，当那些强盗乘虚而入，抢走我的帽子跑开时，我需要做的只是吹个口哨，果哥就会为我出头。但我什么都没做。在那些攻击者离开之后，果哥走进这片尴尬的空气，说了一些特别有用、适时的至理名言。他对我坦承，他很害怕，但在混混们围住他的时候，他会引用一句拉基姆·阿拉的歌词，然后就比前一刻更坚定了。

我点了点头，却把他说的话都抛到了脑后。几周后，在莱梅尔中学对面，我们正抄小路去M–1公交站——他回家，我去看我的祖母。此时那些混账东西出现了，他们比我们人多，从杜克兰西侧和利贝蒂路南端之间的空地上跑过。我已经忘了他们是怎样挑衅地看过来，但我记得他们又一次抢走了我的另一顶入侵者牌的帽子，又从果哥那里抢走了什么东西，我没看清。他们没进一步伤害我们就离开了，我认命了，但果哥早已厌倦了这一切。我找不到别的方式表述这一点：我走开了。

我站在公交站的安全区域里看着他。他不是雷神托尔，当他挥动修长的手臂时，没有什么东西会以他为轴心开始震颤。几秒后他就倒在地上了。那场景很惨烈，对方完胜，呼啸而去。果哥筋疲力尽，奋力挣扎、踢腿。他无助地倒在地上的场景，六对一的残酷画面，怎么可能具有诗意？我和其他男孩一样，以自己特有的方式做一个自私的人。我不能理解的是在我周围所有人看来似乎都理所应当的这件事——失去了勇气的孩子什么也配不上。

第二天，在学校，这件事的整个经过一如往常地在马歇尔组里传开了。有个人在上科学课的时候走到我身边——

果哥应该揍你一顿。

但那从来都不是我的黑鬼行事风格。果哥看见我的时候，给了我一拳，不停地说笑，似乎什么也没发生，似乎一切都很正常。他的仗义让我痛苦。那时我知道了，我是孤独的。

第三章
非洲就在这个房子里，他们惊呆了

我的父亲不是崇尚暴力之人。早在70年代，全食超市还没有流行起来，他就过上了有机生活，在我们那狭小的后院里搞了个菜园。我从未见过他在公共场合和人吵架。我从未见过他打人，除了打自己的孩子。他在家里放了一把枪。那是个纪念品——是他在参加黑豹党期间留下来的一把坏了的步枪，就放在我们的衣柜底层，在旧外套和沙漠靴下面。他喜欢外国电影，每周都会去市中心那个富有艺术气息的查尔斯剧院朝圣，品味一下特吕弗的电影。但是他并不遵从黑人那种见机行事以自保的规矩，他相信人有不可逃脱的低级本性。

他在学识这方面目光远大，期望我可以在初中毕业时就基本培养好成年人的品性。他和所有家长一样，督促我取得他认为与我的潜力匹配的分数，但他更希望我在离开莱梅尔中学时能够拥有那种大智慧，能够觉醒，能够在恰当的时机予以施展。爸爸那时的见识已超越了街头，在每一个地方，他都注意到了那些把人生赌注押在能把你拉入他们阵营里的人。他告诉我，今天是一些粗野的男孩们在找毛线帽戴，后来就可能是你的女朋友让你为她千真万确的老爹顶缸，或者你的头儿逼着你去给他们背锅。大智慧法则 2080：从蛆到人类，这就是一个把彼此按在墙角霸凌的世界。你最好活动手脚，为你自己奋战，而不是被迫低下头，钻进锁链。

爸爸希望我认真对待所有事，绷紧整个神经系统。但我在世间梦游，期望有朝一日在美好的彼岸醒来，发现现在的一切都不过是场大梦。我不仅对街头那些破事毫无头绪——我是那种在每年天气转暖的第一天就会把帽子和外套弄丢的孩子。爸爸会教育我，但那些话对我来说只是耳边风。我听到了那些话，却理解不了。

我九岁时，拿到了第一串家门钥匙，之后平均每个月弄丢一次。这很邪门，爸爸的警告攒到了两位数，直到我们的对话变成这样：

你的钥匙呢？他质问我。

不在我这儿。我嘟囔道。

他站在起居室里，刚刚下班回来。他总是在最糟糕的时候到家。家门钥匙看起来是小事，但在我父亲看来，它们代表了一切今后可能会害死我的东西。

那它们在哪儿？

被学校里一个孩子拿去扔进了垃圾桶。

你有没有把它们捡出来？

没有。

你有没有朝他嘴上揍一拳？

没有。

那你做了什么？

什么都没做。

这时爸爸突然紧闭双唇。这会让人猜测，给人错觉。爸爸不是那种工作不顺心就回家打孩子的类型，同样，当老师往家里打电话，你觉得肯定要挨揍时，他可能只是坐在桌边教育你几句。但这只会让事情变得更糟，因为当我们犯错时，就会觉得自己被困在了恐怖电影里。我们永远不知道接下来会发生什么，如何发生，或者什么时候发生。

爸爸走上楼梯，回来的时候手持他的黑皮带。他把它折起来，皮带扣和带尾叠在一起。他捅了捅我的胸口，问我更怕谁——他还是他们。

我把这个拿下来是要让你害怕，他说。告诉你我是什么人。告诉你我是认真的。但现在不是这个目的了。

他松开手，让皮带垂到棕色地毯上，开始打我。

我的父亲终其一生都在斗争，但曾经他也像我一样——来自街头，却又不属于街头。八岁的时候他吸取了教训。爸爸和关系错综复杂的家人住在费城西区的马科街。他的父亲和三姐妹都生了孩子，所以爸爸很喜欢的珀尔阿姨究竟是他的什么人就很难界定，而他的四个兄弟姐妹同时也是表亲。我的祖父快五十岁了，正渐渐从费城北部好色之王之位上退下来。他生活放荡，看待新生儿就跟其他人看待普通的花瓶、乐福鞋和皮带扣一样。他长得很好看——身材高大，浅色皮肤，也不需要用绒线帽、热水和默里牌发油来把头发弄卷。他喜欢读报，满足他这每日的爱好就成了落在我爸爸身上的任务。爸爸忠实地履行这个任务，直到有一天晚上，他回来的时候两手空空，哭着说街角的孩子打了他。

去把我的报纸买回来，祖父告诉他，要是你没买回来，就再和我打一架。

爸爸表示抗议。

儿子，祖父告诉他，打歪第一个找你茬的人的嘴，往死里打。你只要这么干，我保证你能把我的报纸买回来。

这就是那种在一瞬间给你的感觉可以取代画面细节的故事。在爸爸的叙述中，那一架就是两个影子扭打在一起，但可以确定的是那种感觉，不是明确的成功，而是一种尴尬的胜利——这胜利并非源自击败对手，而是源自恐惧。召唤出意志来作战。现在他已经用那种魔法武装自己，第一次品尝到了自己争取来的自由的滋味，而且他知道自己可以随心所欲地走过他的街区，可以在没有星星的午夜给自己的父亲买报纸，只要他想。掠夺者们永远不会轻视他，因为他已经迈开步子踏了出去，拥有了那种能驱逐敌人的巨大力量。这种大智慧不仅仅适用于马科街。许多年后，这群孩子会长大成人，变得不动声色，举止庄重。但爸爸能看到他们的喙、他们血红的眼睛和身后那对受伤的黑色翅膀。

即便是在那时，爸爸也依然坚持真我，他不打算在街区中生活。他并不招摇，姿态也不高。他不具备做暴徒的能力，是那种知道如何不引火烧身却不知如何纵火的男孩。别人抓到他偷东西，朝白人男孩扔瓶子。他退了学，夸口说在那儿已经学不到什么了。他在奇怪的时间出没于图书馆，搜寻米基·斯皮兰的更多作品。如果那时你问他想成为什么人，尽管他没法清楚地说出来，但他会跟你讲他如何在市中心漫游，他怎样抚摸那些高楼的基石，他确信自己将来有一天会拥有这些高楼。

爸爸是那个时代的人，追随那个特殊的黑人信念，它让我们纵使身受奴役也依然爱国。他崇拜肯尼迪总统，痴迷于从前的战争电影，梦想着越过沙丘，驾驶坦克，向敌人扔手榴弹。他那时处于半觉醒状态，为宽街上的大西洋和太平洋茶叶公司送杂货，就在上城区往下走几户的地方。隔壁是酒庄，二楼是伊斯兰民族的清真寺。他亲眼见过马尔科姆，饶有兴趣地关注哥伦比亚大道上的民族主义者，及其高贵的埃塞俄比亚人的海报，他们不会乞求别人。马丁·路德·金刚刚开始他的南方之旅。爸爸从没见过仅限某个种族使用的饮水机或者卫生间，也就无法获得“另外的大智慧”，那种在野蛮人游荡在俱乐部里、放出狗来的时候号召年轻人唱歌的智慧。

在他成长的地方，人们没有什么选择，他的街区里没有大学生。无论何时他从自己的街道走出去，别人跟他打招呼时说的都是：嗨，混账东西，你从哪来的？因此他退回自己那些约翰·韦恩[1]式的梦中。在部队里，他为宪兵队看护军犬。他被派到了越南，那时他对越南的政治或历史地位都只有模糊的概念。他是自己小队里唯一的黑人。这就和其他任何事一样——有些白人男孩有正常的人性，但其他白人会恶意地阻挠他和越南女孩的交往。当他逃到自己的电唱机边，戴上新款“声的诗”耳机时，他们会哈哈大笑。休假期间他会筹措资金，买下一堆鲍勃·迪伦的唱片。他只知道迪伦听起来很“乡村”。

在帐篷里，他和整个小队分享这些音乐，播放《战争之王》[2]嘲弄他们，但更多的是嘲弄自己。他们对迪伦的喜爱程度就像爸爸对帕特·布恩[3]，也就是说，完全不喜欢。但他对白人的印象也很片面，他甚至认为他们全都喜欢同一种单调乏味的节奏。然后，情节反转了。迪伦的声音很糟糕，带着上了年纪的颤音，听上去一点都不像爸爸当作福音来听的或低沉或轻柔的节奏蓝调。但那些歌词打动了爸爸，他和那些隔离了自己一部分生命来理解心爱乐队的预言的大学生一样，着迷地播放迪伦的音乐。爸爸听出了诗意，但更多的是一个角度，确认了他心中潜藏的怀疑。这场战争就是扯淡。

即便是在那时，在服役的日子里，爸爸也比大多数人清醒。在训练时他和一个印第安士兵打架，那个人想招惹这小队里唯一的黑人，借此提升自己的社会地位。他们被拉开之后，爸爸走回自己的房间，冷静了下来，然后又回到公共区域。在一张小桌子上，他看到了一本《黑孩子》[4]。他知道这是有人在挑衅。但他拿起了这本书，看出来它是讲那种无人微笑[5]的生活。他把书拿回了房间，主要是因为他被触动了，但也是想防止这本书再在什么种族歧视行动里被用作道具。

在理查德·赖特那儿，爸爸找到了属于自己的文学。他读过《乐土中的大小孩》《另一个国度》，但是从赖特那儿，他学到了一个完整的影子法则，一个手中握笔的作家的传统：他们不是在消遣，而是要挣脱锁链。他徘徊在觉醒的边缘。马尔科姆被枪杀的那天晚上，爸爸和几个黑人士兵正在去城里喝酒的路上。消息从收音机里传出来，但车上其他人都在继续聊天。

安静，爸爸跟他们说，你们听到他们刚才说了什么吗？马尔科姆死了。有几个人稍许露出了担忧的神情，随后又接着聊，仿佛只是一阵疾风吹过流水。

那时他开始觉醒。休假的时候，他在书摊边停下，搜寻与自己相关的内容。他读了马尔科姆的回忆录，又一次看见了自己也有过的挣扎，于是他就开始真正感受那些他（和我们其他所有人一样）长久以来压抑的东西——那种被看作低人一等的微妙的、刺痛的感觉。他回头去读詹姆斯·鲍德温，鲍德温提出了那个自始至终困惑着他的巨大悖论：我们中的哪些人会冲入燃烧的房子，和它融为一体？

爸爸于1967年退伍，和琳达热恋，结婚。他这样做，在很大程度上是因为他根本不知道还能做什么。从法院大楼登记结婚处出来的那一刻开始，这件事就是个错误。后来，大家聚在爸爸的家里聊天，谈笑，喝酒。中午时分，琳达离开了这小小的聚会，说要去看一下母亲。但她并未回来，那一夜爸爸就待在维尔拉女士家等自己的新婚妻子。她最终回来了，但他们时常吵架。他们轮流离家出走又回家，而在断断续续的温情期，孩子们出现了。

第二个孩子、比我大六岁的克丽丝姐姐降生的时候，爸爸心花怒放。你知道的，我们都会为这样或那样的事心有所感。一个泽西的主妇信步走过超市，忽然被苹果的光泽吸引，于是决定在堪萨斯的小城里堕胎。一个升职无望的中层主管本已放弃人生，沉溺于酒精，这时他听到风琴的声音，于是获得了启示。在一次霍桑讲座中，一个吸毒成瘾的大二学生被和平队的梦想所吸引。所有真正活着的生灵总会经历至少一次重生。

从幼年起，爸爸就一直在读书，但无人指导，也没有固定的方向和边界。鲍德温、赖特和马尔科姆是最初将他引上另一条道路的指示牌，他沿着这条路一直走了下去，直到被郁郁葱葱的黑人书籍森林包围。他很忙，但在忙里偷闲时，他可以独自思考包围着他的世界，战争带来的震动、暴乱和刺杀，然后在这新的大智慧里看到一种划界的方式。

在沉睡了一些年之后，他彻底觉醒了，万事万物都发生了扭转。仿佛整个世界都需要来一盎司V8[6]。其他人觉得美国正处于一个美好的阶段，在创造奇迹，到处是优雅的民主主义者，爸爸看到的却只是掩藏灾难讯号的面具。他仍然是个奴隶，他身边的黑人在无形的桎梏中叹息。他再也无法像从前那样说话。仿佛万事万物都已崩溃堕落，直到他意识到自己正坐在野餐会上思索，在这个有梅加·埃弗斯[7]的世界里，怎么会有人悄悄走过来，灌上一瓶酒，然后花几小时谈厄尔·韦弗[8]和金莺队呢？

爸爸那时为美联航工作，职责是卸行李，在旅客们下飞机之后打扫客舱。在休息时间，他重拾他父亲的旧仪式，沉迷于留在客舱里的报纸，它们都来自遥远的城市和州。他对加利福尼亚知之甚少，却在那样一个陌生地方的故事中找到了自己的缪斯女神。他的女神随身持枪。

电视镜头记录下了那个时代被炸毁的教堂、密西西比的野蛮人和一命呜呼的佃农。这些大事件都发生在南方，以救世主为根基。[9]但爸爸跟那些事情没什么关系。他生于黑人大都会，和伟大的黑人民众并肩而行，被压在这个世界的一条条马科街上，我们承受压迫已久的地方。他和这样想的人站在一起：我们的状况，这个国家最糟糕的状况——贫穷、疾病、无知、残疾、麻木——不仅是一个有待切除的肿瘤，更是整个身体即肿瘤的明证，美国不是巨大腐烂的受害者，而是腐烂本身。爸爸认为甘地荒谬可笑。对爸爸来说，更贴近他的是这些耸动的头条，吹嘘来自奥克兰的兄弟姐妹们的功绩，他们不会跳舞，他们主张自卫的正当性，宣传弗朗茨·法农的思想。

说到约翰·布朗，我父亲被他征服了。那是1969年春天，他开始为来自西海岸的飞机检查航程。在飞机上，做完清扫之后，他就专门找加利福尼亚的报纸，了解黑豹党的最新策划和行动。有一次，在和一个声称自己在党内的女孩喝了一夜鸡尾酒之后，他终于找到了本地的黑豹党，那个女孩不是琳达，她为了证明自己，在那天晚上告诉了他当地的办公室在哪儿。

第二天，他兴冲冲地去了那个分部，做好了为它效力的准备。但是黑豹党当时正因胡佛照本宣科式的妄想症而苦苦挣扎。每个人都被怀疑是探子，内部正在进行清洗。这可不是闹着玩的。涉嫌告密的人后来被发现时，尸体已经腐烂在利金公园的树林里了。爸爸走了进去，倾吐自己的革命热情，而他们犹豫不决。他们想知道爸爸是怎么找到他们的，他们并不认识那个给他指路的女孩。

他们安排他去上每周一次的政治教育班——这是一种审查，以筛出探子，筛出那些不那么相信辩证唯物主义，也不那么相信伟大跃进存在于枪支和袭警的光辉中的疯子。这简直是为爸爸量身打造，符合爸爸在枪和书之间会选择书的偏好，这让爸爸万万没想到。他听着这些自学成才的人拆解资本主义和生产的意义。他听着他们用各种方法解释主要矛盾，不发一言。直到有一天他理清了头绪，他们就根本没法打断他了。他们无法将他拒之门外。

他们那里没有贝雷帽，也没有浅灰蓝色的衬衫。通常连枪都没有。爸爸一开始加入黑豹党时并没有党员的称号。他被指派为“社区工作者”——这是一个让他的地位略高于跟班的标签，给了他在集体总部过夜的权利。他会在凌晨五点起床，前往圣马丁中心，同激进的天主教徒谈话，然后去厨房。革命围绕着煎饼、培根和粗玉米粉展开。早晨七点，贫穷的黑人孩子排成长队，过来领每天的免费食物。下午，他和同志们一起学习。到了晚上，他去机场工作。而在这些事务的间隙里，他是个父亲。

这种紧张的时间安排持续到他因为动枪而被开除。他丢掉了自己的工作，报纸上登了他的名字和住址。他打电话给琳达，而她挂断了电话。联系断了，他与尘世之间的纽带也就断了。他认为自己从这世界和它所有的陷阱中解放了出来，而这些东西反正也很快就要清零了。他开始为起义全职工作，在这即将燃烧全城的巨大变革中找到了自己的位置。

在因逮捕、潜逃和愚蠢而人员日渐稀少的组织里，爸爸青云直上。他成了马里兰州防卫队长，是巴尔的摩分部的头儿。但他没有策划任何暴动，他在回避诱惑同龄人的那种宏大的自杀式姿态。相反，爸爸考虑得最多的是如何保存实力。他们确实面临被警察破门而入、被探子和特务渗透的危险，但那都是次要的。爸爸对这个公社负有责任，早晨醒来时，他想的不是枪，而是油、电、水、租金和生活用品。他找到了雷金纳德·霍华德兄弟，他的分配官和左右手。霍华德在伯利恒钢铁厂上班。

霍华德，爸爸会说，我们没钱了。

霍华德的正式职责是掌管黑豹党报纸的投递和流通，报纸带来的收入是黑豹党所有分会的根基。公正地讲，他是个骗子，会在钢铁厂换班的时候进去卖报纸。爸爸把他派到街上，霍华德和当地杂货店店主攀谈，强调黑豹党给多少孩子送了吃的，分发了多少双免费的鞋子，帮多少母亲做了镰状细胞[10]检查。

那里的社区面临困境。他们会早早蜂拥而来，或是被黑豹党的光彩所吸引，或是被一些不堪重负的市政府机构介绍过来，他们都需要帮助。有个人在巴尔的摩东区被白人骚扰。一个人的丈夫被逮捕，却请不起律师。还有个人遭房东驱逐，就坐在旁边。

在那里，爸爸为安置即将到来的游击战的参战士兵做种种努力。爸爸跟那些说着“权力归花儿”[11]的嬉皮士不是一伙儿的。那群嬉皮士里什么人都有，中产阶级的大学生、少女妈妈、水管工和教授。但是那些受人爱戴的步兵却来自世界的尽头。他们是从死人——谋杀犯、强奸犯、强盗和凶手——中站起来的军队，他们在第二重人生中尽情享用自己同胞的辛劳成果。现在他们觉醒了，对准制度操练自己的枪法。但洗心革面的程度千差万别。有些人和马尔科姆一样真诚，而另一些人只不过是在寻找洗清污点的新法子。

在华盛顿，胡佛狂热而亢奋。后来真相大白——联邦调查局的大量文件揭露了探员们是如何煽动冲突、伪造控诉以及哄骗先进分子组织自杀式行动的。黑豹党员们只需睁大自己的眼睛就可以读懂这一切。全国各地的警察备好计划书，带着上级情报人员，在完美的时机破门而入。他们谋杀了弗雷德·汉普顿，绑住博比·西尔然后勒住他的喉咙。埃尔德里奇·克里弗已经出局。阿提卡监狱暴动和杰克逊兄弟事件也快发生了。

在巴尔的摩，一切就和其他地方一样，而我父亲在他的新职位上接手了无数身陷牢狱之灾的黑豹党员的案子。我父亲重点关注艾迪·康威，他被控谋杀警察。证据薄弱至极，一个监狱告密者，还有一个声称在死亡之夜看到过他几秒的警官。但黑豹党的领袖对这样的个案不甚在意。运动的浪漫氛围、革新未来的信仰让他们看不到处在危急关头的个人，只看到宏大战争中的一个符号。

领导层给爸爸下达命令。康威要抵制审判，揭露这腐败的司法系统，从条子到自大的法官，揭露他们造成的痛苦和毁灭。领导层对陪审员满怀信心，深信对方也能看到这一切之中的罪恶。但黑豹党的信心超出了他们的能力，空谈让他们产生幻觉。西部的兄弟们承诺会请来大律师——查尔斯·加里和威廉姆·孔斯特勒。然而康威只分到了一个公设辩护人，这位律师在出庭前总共只见过他一个小时。最后，康威——我认识他的时候称他为艾迪兄弟——被判终身监禁另加三十七年徒刑，在这段时间里发生的诸多事件促使爸爸不得不觉醒，这是其中最重要的一个。

在全国各地，黑豹党员们肩负起了照顾同志和社区的重担。这就是他们想要做的。而到了1972年，他们被勒令停止活动。出于那些胡扯的夸张理由——这是一个“谁真的做好了举起枪的准备”的游戏，过去的一切分崩离析。埃尔德里奇·克里弗和纽约分部结盟，之后就是帮派之战。黑豹党员自相残杀。首先倒下的是叛党的罗伯特·韦伯，接着是忠于党的萨姆·纳皮尔，他被发现死在纽约，被人捆住，堵住嘴，受了烧伤，死于枪下。就在死前几周，他还和我父亲一起侥幸逃脱了纽约帮派的追击。爸爸被召回加利福尼亚总部，自那以后他一直为自己所见所闻感到困惑。就在那段时间，他渐渐明白：这个世界不会改变了。

在加利福尼亚，上级告诉他，奥克兰是唯一重要的战线，和当地酒铺战斗才是创造新世界的真正方法。他们关停了所有地区办公室，留下爸爸为艾迪·康威们忧虑不安，为所有曾登上这舞台而现在被丢在监狱里的黑豹党员忧虑不安。然后是那些给黑豹党员提供过鞋子、医生、早餐和律师的社区，它们被遗弃，留在了它们的泥淖中。爸爸还有自己的孩子，那时已经五个了，他们待在巴尔的摩，而他们的父亲远在天边。这对于爸爸来说太难承受。他被认定为不服从命令，黑豹党将他软禁起来。他从家人和朋友那里凑到了钱，飞回了家。

事情不可能更糟了。无论他要面对什么——愤怒的母亲们和外祖父母们、旧账单和新债务，这些都无法与那个吞没了其他人的深渊相提并论。爸爸相信革命的力量，但事实是，他显然更适合如其所是的世界。他是个聪明人，只是碰巧成了绝不可能把大学校园视为归宿的人中的一员。

他认为自己的国家已经腐烂了，但他比自己想象中更适合在其中生存。他的同志们准备得不够充分。这不仅仅关系到肤色的锁链。他们群起革命，是因为那最终得胜的真正的革命——与之配套的自动化，及其关于效率与商品的信仰体系——跟他们一点关系也没有。一场彻底的毁灭是他们唯一的出路。看看他们是怎样死去的：为了可卡因四处骗钱乞讨；染上艾滋病；或者，幸运的话，倒在荣耀的枪林弹雨中。

许多年后，在陷落之后，在革命变成纵酒狂欢的可怕开端，沦落成毒贩的敲诈勒索、小明星们同渴望成为危险人物的花花公子们的客厅游戏之后，我才开始明白这些。爸爸和他的多位巴尔的摩同志离开了黑豹党，他们青春年少的最后时光令人心碎。他们去找酒铺要捐款，在伯克利挨在白人流浪汉旁边摇杯子，给一家夜店筹钱。黑豹党谴责爸爸的离开，他们命令帕齐不许让爸爸见乔纳森。爸爸给中央委员会写了一封信，但无人回复。

他卡在旧的社会主义与人们无利不起早的认识中间。但他离开黑豹党时，依然秉持一套基本的信仰体系，一种他会传给孩子们的信仰。他摒弃了圣诞节，也将独立纪念日 7 月 4 日看作天大的背叛。他和一群兄弟姐妹达成了共识，在感恩节斋戒，以示对关于阿提卡、印第安人和撒旦暴食之事的抗议。那些年里，兄弟们纷纷离开，但爸爸始终在坚守。

现在他回想起黑豹党的全盛期，还有他的老朋友沃尔特·莱夫利，那时的莱夫利和他一样，都是从费城走出去的年轻黑人。但是莱夫利有一种内在的本能，可以熟练地把力量的齿轮转到恰当的方向。他是个令人震惊的风云人物。他二十五岁时以共和党人身份被提名进入市议会。莱夫利在宾夕法尼亚州的乡下弄到了一家农场，爸爸把在逃的黑豹党员藏在那儿。但最令爸爸受触动的是莱夫利的宣传机器之梦——

一个代代相传的促进种族融合的实体，将宣扬觉醒意识的文字印刷、出版并分发给人们。莱夫利收集了许多印刷设备的配件，但还没等完成，他就去做别的事情了。

爸爸拾起了这个想法。他回想起黑豹党员们及其对“头号英雄”寓言的研究。据说敌人入侵的时候，所有男人都抓起了枪，“头号英雄”却抓起了一台油印机。一发子弹可以打倒一个敌人，一枚手榴弹可以炸死更多，但一台油印机可以杀死数千敌人的情感与理智，同时重燃更多同道中人的决心和斗志。爸爸以莱夫利提出的三个要素——书店、印刷机和出版商——为基点，构思出了一场新的革命，它将使人们得以掌控信息。

他召集了许多心怀不满的革命者。他们是一群文化民族主义者、激进的联合主义者和刚从禁闭室里放出来的抵制服兵役者。他们并不团结，会为了集团主义和辩证法争吵，为了界定工人阶级和小资产阶级的精确标准争吵。他们最终分道扬镳，而爸爸和他在黑豹党认识的同志霍华德兄弟继续开展这项事业。他们推进着自己的宣传机器计划，称之为乔治·杰克逊运动。这是一位狱中学者、黑豹党员的名字，他曾预言了倒钩铁丝围住的贫民区，还有偷运到瓦特的手榴弹发射器。

杰克逊将安吉拉·戴维斯[12]看作精神上的爱人，出版了两本思考叛乱和反抗将至的书，据推测他把手枪藏在了自己的爆炸头里，后来他在圣昆廷监狱遇难。乔治·杰克逊领导的组织在宾夕法尼亚大道上开了一个门店，爸爸和霍华德兄弟粉刷了墙壁，加以修葺。他们办了场小型舞会，演奏音乐，供应食物，接受捐赠书籍，别人捐来的书成了书店的第一批种子。他们把这些书中的一部分邮寄给了监狱里的兄弟。有些兄弟把这些书卖了换烟。

时间到了 1973 年，我的母亲和外祖母一起住在潘赫斯特大街的一个房子里。外祖母是从东海岸过来的，经历过一次失败的婚姻，在公共住房区里把孩子们养大，现在终于有了自己的家。我母亲是她最小的女儿。我母亲那时刚刚大学毕业，在巴尔的摩当老师，和她的姐姐们一样，正走向中产阶级温柔、安全的臂弯。如果一切不出意外，我的名字可能就会像奥萨或雷伊那样普通又常见。我可能会踢足球，在圣诞节做礼拜或加入童子军。妈妈来自一个正直的老派黑人家庭，他们相信上帝至高无上，相信国家，相信努力工作所蕴含的巨大力量。我的父亲既非离经叛道，也非极右翼，他是一个平行宇宙——白幽灵和酋长[13]，在他的宇宙里，所有这些价值观都在相反的极端受人崇拜。

但我母亲和她家里的其他人不太一样。她是三姐妹之一，大姐艾娃被认为是最聪明的，排行第二的乔安皮肤是棕褐色的，非常可爱。妈妈得苦苦寻找自己的位置。她很瘦弱，戴着酒瓶底似的眼镜，头发粗糙，门牙中间有道缝。她三年级的时候留了级，到九岁才学会阅读。一路上，孩子们取笑她，嘲弄她。她说话迟缓，出拳迅速。像她这样的女孩，总会有姨妈告诉她，个性将让她大放异彩。这话倒是真的。她很强硬，却也很有魅力，总是让别人快乐，为亲友们带来欢笑。她是一个可爱的舞者——有一次她在她叔叔奥萨的唱片店待着，拿着个梦昔转了一圈，冰激凌从棍子上甩了出去，溅得到处都是。

在成长过程中，她身边都是自己的族人。白人是缺席的，只存在于理论中，受制于未经证实的猜想。她对马丁·路德·金遇刺记得很清楚，因为暴乱打断了她的高中毕业舞会。她模模糊糊地意识到有什么不对劲，尽管她与这一切很疏离，但她还是感觉到了那种不安。她读中学时不太打扮自己，在外祖母威胁她不许参加姐姐婚礼时才重新烫了头发。在大学里，她因为参加抗议被逮捕。她在寝室里挂着黑豹党的海报。

她曾经短暂地和爸爸见过一面，是在她给黑豹党的免费衣物项目捐了东西之后。后来她最好的朋友提议一起去参观乔治·杰克逊监狱组织，她和爸爸见了第二面。来这里研读书籍的人很多，她只是其中之一。爸爸给她留下的印象跟浪漫不沾边儿。他穿着廉价的衣服，头发梳得乱七八糟。他有五个孩子，他们动不动就在书店里跑来跑去。他穿着破旧的鞋子，和多名女性住在一起。但他非常聪明，虽然中学就辍学了，仍能以尖子生都想不出的方式思考问题。他帮助我母亲在毕业论文上拿了A。他宣扬人们需要书，而他能提供。他组织社交活动——家庭或童书的庆祝会。他的孩子们总是和他待在一起，而他的多位爱人也在帮忙。

那时琳达已经把他赶了出去，他在杰克逊组织的总部后面搭了一个隔间，在这个临时凑合的半间屋子里住了好几个月。妈妈会去参加纪念活动和讨论会，调侃他无家可归。那时她还在和一个有前科的人热恋。她把一本《尼罗河黑人》给了此人，这是爸爸指定的必读书之一。这书一点作用都没起，妈妈的这个情人非但没有继承先辈的衣钵，还跑去抢劫了一间教堂。当时妈妈正怀着他的孩子。他给她打电话——

谢丽尔，钱藏在我的公寓里，在我的卧室。求求你把钱拿给我的律师。

妈妈去了，找到了钱，数出堕胎需要的金额，把剩下的给了他的律师。她不再接他的电话。

当她回到书店时，她又是独身一人了。她已大学毕业，现在正在教书。她买了一辆橙色的大众甲壳虫。

爸爸：我什么时候能坐你的车兜兜风？

妈妈：来吧。

爸爸对追女孩的社交复杂性毫无了解。和他交往过的女性都记不得有过任何与约会类似的活动。他不是小气或者不动感情，只是笨拙，又只会谈公事。即便是在觉醒了的兄弟中，他也是个异类。他很少穿达什基[14]，他的发型甚至称不上是爆炸头，他不愿意点宽扎节[15]的蜡烛。他代表着一个我母亲没有见过的世界，他炒豆子不加肉。他从靠近诺斯与史默伍德路口的雷伊海产店买炸鱼回来，往上面倒辣酱，直到她大叫着阻止。下班后她会顺道来看看，发现爸爸正在屋后和霍华德兄弟共饮一品脱杰克丹尼威士忌。

他非常不喜欢再生些孩子的主意。但是我母亲仔细端详着他，想到了救赎。无论他何时出现，总会有比尔、凯利、马利克或者别的孩子挂在他的脖子上，他深爱每个孩子。他们开车去往彼此都心知肚明的地方，她坚定而直接。于是爸爸把那辆大众甲壳虫停在了路边。

爸爸：谢丽尔，我不能再要孩子了。我已经有五个孩子，养活他们已经够难的了。

妈妈：你有五个了，可我一个都没有。我也不需要你来养——我可以自己来。我需要的是一个丈夫，我也觉得你是一个很棒的父亲。我觉得你会养育出极其出色的孩子。

爸爸的自尊心在他全身上下膨胀开来。那是1974年的冬天，而我是在1975年的秋天出生的。那年我父亲二十九岁，我母亲二十四岁。爸爸有所进步，在我出生的时候，他出现了。我被带回的家是帕克岗大道上一幢破破烂烂的联排房。老鼠在下水道里乱窜。他们搬到了帕克岗更偏一些的地方，每周租金四十一美元，这是爸爸一生中赚得最辛苦的一笔钱。

就革命者的人生而言，爸爸未能取得成功，爸爸被哄骗着去做一个更好的人。退伍军人管理局承诺，只要他回归学校，就给他的每个孩子提供津贴。他去了安提俄克学院，不过他入学只是为了获得支票，根本没打算毕业。然后他看着比他晚入学的兄弟先一步毕业离开。他已经三十岁了，这是个他从没设想自己能活到的岁数，他意识到，自己需要做点打算了。

我三岁的时候，他拿到了自己的文学学士学位，接着前往亚特兰大大学读硕士。他回来之后找了自己的第一份全职工作，为霍华德大学的官方图书馆整理历史档案。那时他已经把自己那个代代相传的种族融合之梦推进到了最让他着迷的一步。他在去亚特兰大之前开始做出版，现在已经梳理好了所有黑人学者过去的成果，那些随时间湮没的作品，爸爸让它们重见天日，再次焕发光彩。

在觉醒者中，一个人的价值就相当于他最近读的一本书。每一页都会把你从麻木状态中进一步拖出来，而在最进步的人中间，听到一段完全由脚注组成的对话是毫不奇怪的。

在张罗书店的日子里，爸爸会坐在柜台后面，在一个新皈依者的连连逼问中不停地点头，而这个人最应该去学校。

觉醒者：你读了 J. A. 罗杰斯的《希特勒与黑人》？那你这里有《一百个惊人的事实》吗？

爸爸：在后面。

觉醒者：哦，我看到了。那《追随本心》呢？

爸爸：一本也没有。

觉醒者：看，这就是黑人书店的问题，J. A. 的书不全啊，兄弟。

爸爸：是啊，是啊。嗯……

觉醒者：你看，兄弟，那些书已经绝版了。你知道那意味着什么吗？白人不打算让你看见那些书，他们压根儿不想把那些书印出来。

但爸爸不是那种半途而废的人。当别人停留于空谈和抱怨时，他在图书馆的书堆里逡巡，发掘从我们自己的角度讲述这世界的书籍和小册子。然后他循着这些书的注释摸索，最终陷入一个为人遗忘的黑人文学和学术世界。那些书跨度很大，从私刑到古埃塞俄比亚，再到牛仔内特·拉夫[16]的回忆录。

他的事业从我们位于帕克岗的联排房子的地下室里起步，从一台桌面胶印机和他找到的四本绝版小册子开始。时间是1978年，而这是一种不一样的魔法。成为黑豹党就意味着一场轰轰烈烈的风流传奇——那种开枪杀人以及从唐娜·里德[17]一路操到帕姆·格里尔[18]的青年壮志。但是当爸爸投身出版，他的传奇就缩减为婚姻生活，从那个狂暴的世界中退出。历史会被改变，但不在一朝一夕，而是通过长久而缓慢的觉醒。

小时候，我并不了解自己家庭的特别之处。六岁那年，我们搬到了巴林顿路上一幢漂亮的房子里。我们住的地方似是天空中的岛屿。到处都有窗户，每一扇窗都提供了不同而奇妙的观察世界的角度。宽敞的木质门廊从前门伸出，绕到屋侧，形成一个巨大的“L”。下雨天，我坐在屋外听着轰鸣的雷声，数着雷声和闪电间隔的秒数。在阁楼里，我让玩具火车和轨道穿过泡沫塑料搭出来的青山，穿过想象中遥远北方那些宁静小镇上的车站。

我和哥哥马利克很要好。我们只差三岁，都喜欢虚拟实境游戏，无论是年龄还是性情我都和他最接近。周末，我们一起趴在客厅的地板上，在烧着木柴的火炉前，大玩特玩《恐怖岛》或《搜寻未知》。当我拿着多面骰子的时候，它的所有面都是未来，都是其他世界的碎片，在那个世界里，美杜莎发出死亡凝视，我的矮人投手击碎巨石。我还小，胖嘟嘟的，还会咧嘴大笑。我的棕色皮肤光洁无瑕，我的眼睛像我的名字一样长，我的土气发型是父亲的大作，我的美人尖像间谍一样冒出来。生活就像是格比的翡翠骰子，充满无限可能。

妈妈说有一天我会飞起来。她对我一无所知。在客厅里，我把写满智慧、拯救和咒语的一张张纸铺在地板上。这些纸都是有生命的。它们展开卷轴，念出咒语，使死者复活。它们被渴望着精灵血的智慧宝剑所诅咒，用古老的语言召唤飞马，翱翔在绿意葱茏的山巅、积满白雪的冰山，以及漂浮着瘟疫与绝望的沼泽上方。他们在卡拉图、灰鹰和克莱恩荣耀加冕。[19]

我对那些恶魔化的白人孩子，对帕特里夏·普林[20]，对蒸汽地道又知道些什么呢？去他的二分法，管别人怎么看呢。即使是在那时，我也是一会儿梦想着雷斯林[21]的黑袍，过一会儿又梦想着多塞特的双脚连触转身。我父亲正致力于此——让我们自我的大智慧超越美国，让我们理解从公共住房区扩散到住宅区的脑死亡。觉醒只是个开始，能把18s码的直筒裤变成托盘里的圣骑士，能用方格纸做出地下道里的瓦洛，能从微缩模型里拉出豺狼人军队——这样的想象力才是真正顶用的大智慧。

我的父亲就像外太空一样黑，但一个喜欢长篇大论的人也会动动手。他在珠宝加工这件事上试了试手，直到镉差点儿置他于死地。在我们位于巴林顿街的小屋后面，他用可移动木框搭了一个蜂巢，在里面养蜂。周末的时候，你可以看到他和霍华德兄弟一起，戴着白色面罩，穿着宽大的外套，小心翼翼地走太空步。他们带回来装着蜂蜜和蜂蜡的托盘。大比尔就像嚼烟草一样嚼蜂蜡。但原蜜让我很不舒服。有次一只雄蜂叮了我母亲，后来爸爸开玩笑说这才是小梅内里克的来头，他是第二年年初出生的。

在那些年里，我懂得了六个兄弟姐妹是一份天赐的大礼。只有我和梅内里克是巴林顿街的常住居民，不过到了周末，还有帕齐、希拉或琳达生病的时候，孩子们的任意组合就会出现，带来另一个世界。我的姐姐克丽丝拿来一盒盒翻录磁带，让我听新版本合唱团，后来是凯恩老爹。比尔会用袜子和枕套团成一个临时的橄榄球，我们膝行冲向对方，直到有人倒在地板上。

有时所有的孩子都会在周五晚上过来，那些周末是我们度过的最好的时光。他们总是非要给我套上让人发痒的围兜，我太小了，没法反抗。周六，爸爸会调出做煎饼的面糊，然后从冰箱里拿出一瓶阿拉加糖浆，倒进一锅沸水中。他烧热那口老旧的平底锅，我就站在后面看着。爸爸喜欢冒险——有一次他扔了一罐玉米进去。还有一次他想用这口锅把鲜干酪熬成牛奶。不管怎样，我们都会挤进厨房，三三两两地围在一起吃煎饼。当我想再去拿点什么吃的时候，爸爸就会说我胃小眼大。

中午我们全都走出来，待在门前的草坪上，爸爸会摆弄他那台二手相机，他用一根长长的黑带子把相机挂在脖子上。每个人都害怕那根带子，因为爸爸也会把它抽出来，用它来教育孩子，让他们听话。妈妈会指挥着咯咯笑个不停的我们叠成人塔，梅内里克在最顶上。爸爸按动快门，直到凯莉、约翰或克丽丝——最底下的某个人——忍不住活动起来，动摇了重心。我们倒在草地上，就像从涂成彩虹色的车里跳出来的小丑，推推搡搡，绊倒别人，笑作一团。妈妈会退后几步，把梅内里克拉到身边。爸爸在一旁按快门，直到这些时刻被珍藏进琥珀里。

到了周日晚上，就又剩我和梅内里克两个人孤独地待在一起了，而我迷失在这幢房子的各个角落、各个门和楼梯里。周一我会吃一碗谷物麦片，带上我的午饭，出发去艾尔戴尔。中途我会在布奇店停下，掏出四个五分钱硬币，刚好够买十个松鼠坚果和十块柠檬饼干。在卡拉威小学，我站在门外，盼着能看一眼大眼睛泰瑞或者她妈妈。外祖母就住在离小学几个街区远的地方，就在潘赫斯特大街外。白天她开着一辆巨大的白色轿车到雷斯特斯敦附近的一个地方，去照顾一些几乎不会写自己名字的成年白人。有时我放学后会去找她，我永远记得她微笑和说话的样子，她会说，孩子，你都不值得我废话，然后给我做一盘炸薯条。

我班上的同学都很聪明，有天分。但是罗纳老师每天会分两次叫五六个人出去，带我们去一个有水池和几张棕色桌子的房间，墙壁都涂成了海蓝色。我们在那里照顾一只寄居蟹。在这个过程中，我们逐渐明白了所有动物，乃至我们自己，都有所属的栖息地。我们所有的家庭作业都很古怪，而且是开放式的。我们制作用来讲故事的立体活动模型，用混凝纸浆捏出小动物。

我们组队参加思维奥林匹克竞赛。练习的时候，罗纳老师放《死之舞》[22]给我们听，琴弦像碎冰一样刺向我们。接下来，她会让我们对着蓝色冥想，她绕着屋子走，给那个答案最超现实的人奖励得分。我们在本地的人文学院比赛，输给了一队白人孩子。他们比赛的时候看起来像是在睡梦中就得出了答案。我幻想着和他们再来一场较量，但这不可能了。那年年末，我父母让我离开了这些特别的课堂，因为我把重要的课都搞砸了。从那一刻起，任何学校都没有我在乎的课了。

爸爸把我从天空中的那座岛屿上拽了出来，使用的理由都是一堆我听不明白的问题。油用得太快了，地下室总是遭水淹，怀尔德先生把他的篱笆搭到了我家的后院里。

我的父母卖掉了房子，在埃德蒙森镇过了一段拮据的租房生活之后，我们搬到了泰奥加。那是1984年，我长大了一些。我在少年联盟打橄榄球，用《世界》和《守林人瑞克》换《计算机公报》。我会把杂志末尾刊登的程序代码用BASIC

语言写出来，预测选举结果，或者弹出各种颜色的热气球，满屏幕掉落。有一年左右的时间我都是这么过的，直到事情有了变化。

说回巴尔的摩西区——街上一片狼藉，到处都是神枪手，每年都有成百上千的孩子遭到枪击，被砖头砸破脑袋，或者以其他不体面的方式走到生命尽头——很明显，我们正走向一种重大的变化。比尔和我说不上来这是什么，但都能感觉到一种恐惧，它就像我们走向街角杂货店时裤袋里相互碰撞的零钱，在我们耳边叮当作响。爸爸用更激进的激进主义应对眼下的激进主义，他的激进主义拓展了理性思维的疆界。他拒绝买空调，坚信对付巴尔的摩闷热夏天的最佳方式是禅心：儿子，儿子，心静自然凉。

他组装了许多风扇，有绕着轴心旋转的白色塑料罩，还有双叶片系统，可以同时向前和向后吹风。但它们只不过是更高效地吹来热风。他更加卖力地给我灌输黑人经典出版社的意义，把我当成一个特殊的候选人。他的政治演说我还没有完全理解，这个家里求知若渴的依然只有我自己。我找到什么读什么——海豚和虎鲸、火山和外星生命、机器人的历史、古罗马的众神。我读书是为了躲进其他世界里，但爸爸逼我看的这些觉醒之书只是对噩梦的进一步证实。所以自我的大智慧堆在我的床边，从未读完。

这都不要紧。爸爸还有别的方法来阐明他的观点。我被强征，从事最世俗最单调的服务工作。在我们屋子后面的车库里，爸爸放了黑人经典出版社的一箱箱图书。我的工作就是打开每个箱子，在每本书里夹进一张邮寄目录卡——这么做的意义是，每一张卡都会从世界各地漂流回来，人们索取我们的书目清单，并最终买下我们的书。每逢周末，我可能会看一上午摔跤，沉醉在自己疯狂的无所事事中。但爸爸会从七点就开始工作，到了中午他会现身，把我送到屋后去。我梦想着有一天库存会变少，卡片上再也没有更多的书。然而一到周末，那些箱子又会重新填满，书多得装不下。因为提供这项服务，我得到了保罗·科茨式的工资——时薪一美元，不容置疑。有一次我抗议——

我：但这连最低工资标准都没达到。

爸爸：儿子，是这份生意挣来了餐桌上的食物。你的最低工资是你身上穿的衬衫。

这不是真的，出版社根本不营利，它把食物从我们的餐桌上拿下去——基本需求之外的东西都会收走下次再用。但是从一个更宽广更超前的角度看，他说得也对。黑人经典出版社——和莱梅尔中学，和那么多隐喻般散落在房间各个角落的书，和向上跃进项目一样——是另一个工具，爸爸以此征召我们，把他所相信之事生动地昭示给我们，并带领我们去体验。

但在当时，晚上躺在床上的时候，我会策划各种逃脱计划。我想过指控他虐待儿童——显然，他这个劳改营是够格的。我想过把火柴扔在车库里点着书，这样我就解放了。我想过传奇一般的逃亡，和友善的酒鬼们一起住在公交车站，搭货运火车跑遍全美，我还幻想过蹲伏在商场里，等商场关门后，所有人体模特都会活过来。但我从来没有把这些计划付诸实践，它们只停留在专属于孩子的幻想中，在那个心灵空间中保存着的还有天降横财、每天过生日这样的奇妙梦想。与此同时，我承受着压迫，受制于这个开明的暴君制定的条例。

真正的反抗行动是由大比尔领导的，他是我通往所有年轻人必须知道的不正当和危险事物的桥梁。有一次，学校只上半天课，我到家的时候发现丹特、杰伊和比尔围在我们那小客厅的桌子边，中间放着几个瓶子。那些瓶子里装着不同颜色、不同容量的液体。

我：哟，干什么呢？

他们：（**眼神空洞，茫然地凝视着，令人费解地嘟囔着。**）

我：（**害怕地慢慢挪到厨房**）好……吧……

他们：（**抬起头大笑**）疯狗，疯狗，疯狗！疯——狗！

比尔站起来，把一个塑料杯子装到半满，递给了我。只要能配得上男子气概和击掌握手，让我做什么都行。我抓过杯子，在他们的注视下一饮而尽。那味道就像是酷爱牌果味混合饮料加辣椒酱。四周响起掌声。

比这种小小的反叛行为更有效的，是比尔用在我们受压迫情境中的新粗口。那时 Eazy-E[23] 还没和布什共进早午餐，收音机里还在鼓动赚钱，“没有说唱”。在北方，新的声音是地区之歌和覆盖所有社区的广播。但在我的家乡，华灯初上之时收音机里才会有词句传出来。

你们有些人碰巧撞上了恰当的时机：四仰八叉地倒在哥们儿的床上，陷在床垫里，抛接网球，争论巴尔的摩金莺队那样的战绩。开着你母亲的蓝色丰田克雷西达驶上多菲尔德路，把车窗外最引人注目的那个女孩指给所有黑鬼朋友看，并谎称自己有过性经验。在你表亲的地下室里抓着操纵杆，琢磨他们为何能假模假样地管这个单人游戏叫“双截龙”。然后，魔法时刻到来，一个伙伴把磁带放进了卡盒里，屋里的一切忽然安静下来。

在巴尔的摩，这感觉是狂热的，只有少数人能领会。这城市的音乐是房子里的情欲颤动。我跟着比尔有样学样，但即便在那么小的年纪，我也相信这个时代需要一些人来谴责我们这混乱、破相又吸引人的世界。比尔的双手如同属于普罗米修斯。他会走进我们狭小的卧室，甩开他的亚拉巴马Starter牌夹克，往卡盒里塞上一盘磁带，把音量调高。他会随着节奏点头，跟着旋律哼唱，四处指点、挥手，以强调他最喜欢的歌词与妙语。这是我第一次了解音乐是什么。我已听过路德·范德鲁斯和丹妮丝·威廉斯，也和我的弟兄们一样跟着哼唱过。但那不属于我。我之所以喜欢来自纽约的噪声，就是因为它什么含义都没有，和我们的生活一样。循环的中提琴征服了我，混音片段以不可思议的角度插入，在本该有过渡、旋律或噪响副歌的地方，只有鼓声——激烈的、轰鸣的、愤怒的 808 鼓声。[24]

我就在这里，站在我那小小的黑色立体声音响前。丛林兄弟搓着唱机上的唱盘，Q-Tip[25] 用保护本土文化的利剑刺破迷雾。我已经是第三次听了，但还是不明白。

他们用民权回击
那伤痕累累的灵魂，它看见了。

这张专辑有点乱，我没法告诉你麦克·G 在逃离什么。我从来没有听说过违法者 [26]。我满屋子翻找父亲的地图集，然后扫过每一页，停在一张绘有他们伟大神话之域的地图上：强岛 [27]。我本以为这是一个王国，但事实上我看到的只有一群岛屿，在沉默中等待漂离。

那份神秘，那种广大无垠的未曾言明之物，深深吸引了我们。没有人知道凯恩是怎么想到那样一种念词的方式，能让最强的碎拍 [28] 显得只是在卖弄风情，像是一位女士周六晚上在玫瑰花丛中漫步。我在唱片套上的说明文字里搜寻线索，反复重放那段歌词，直到全部都记了下来，然后再重放我的记忆，直到收集好所有信息，无论是想象中的还是现实的。

慢慢地，我开始能够体会文字里的一些东西了。慢慢地，我开始能够明白这些男孩在酒吧里为何必须戴帽子、面罩，穿肌肉服。慢慢地，我发觉，感到恐惧的不只我一人。

第四章
给那些叫不出我名字的人上一课

大比尔的下一步行动对他那个年纪的孩子来说是很自然的。全国的黑人男孩都在央求他们的父母买一套碟艺 1200 打碟机和一台电脑。如果这要求得不到满足，他们就会敲打午餐桌，练习节奏口技，直到他们会唱《桑福德和他的儿子》的主题曲，并且还能在水下表演出来。在沃巴什，比尔站在马龙家的地下室里，举着麦克风，像握着爱人的手。他们管自己叫“西区之王”，马龙负责碎拍的间断[1]，比尔念着他潦草地涂抹在黄色笔记本上的对战韵文。他把录音小样带回泰奥加，几小时几小时地播放，自己跟着说唱。在我看到真正的西区之王表演之前，这样的排练持续了两年。那时游戏规则已经改变，兄弟们走上了正道。

那是1988年的夏天——我们这代人的第一个伟大时期。不可思议的豪华表演[2]已经告终；KRS转向觉醒，并做出马利克·沙巴兹般的批判姿态。这世界上的所有手提录音机都摇身一变，成为人民公敌[3]的布道台。在那之前，音乐是逃避现实和供人娱乐的——是鼓点和谩骂游戏，是大粗链子和镀金的皮带搭扣。但查克·D把我们拉回了现实。他第一次登台演出时，全身上下都是艾尔·戴维斯标志性的黑色与银色，他没有跳舞。当他抓住麦克风，麦克风就变成了罗伯特·查尔斯丢失的步枪。

在巴尔的摩这里，兄弟们会播放人民公敌的歌，为之战栗。我们从没听过这么刺耳的东西——鼓声撞上口哨，不合拍子的警报声嘟嘟地响着。但这些不和谐音使人上瘾，无处不在。利贝蒂路后面的巷子里，《不要听信炒作》在循环播放。周末的时候，在模块、《玩家手册》和骰子之间，马利克会放《冷灯》，引用弗拉维尔·弗拉维的歌词。爸爸听了《她看零号台？！》，指着我妈妈：那些垃圾爱情小说给我的感觉就是这样。她读，她读，她读。[4]我是个不情不愿的皈依者，但那层层叠叠的音色，那隐约浮现的启示，那种我不太欣赏却感到不得不去搞懂的声音俘获了我。每首歌都是一段凌乱的音乐史。查克·D率声波大军走上前来，揭示了另一个层次的大智慧。

他的风格是令人困惑的。我捕捉到的都是脱节的词组和画面，不连贯的时间与地点——“该死的格莱美”，“满是傻瓜的政府”，“他们看到我，害怕我”。到了第十段，模糊的声音尖锐起来，复原了集体记忆。故事开始于我们的光辉岁月，放逐布尔·康纳[5]和他所有落后的恶龙。山顶看起来从未如此触手可及。但从胜利中踏步走出的我们误入了虚空。我们现在陷在深坑里，挖出彼此的眼睛。我们——包括我——都是那么愤怒。我们无法理解一切怎么会变成这样。爸爸曾尝试解释这场陷落，但他是个长辈，讲述中掺杂了太多私货。查克是我们中的一员，一旦我们听懂他的歌，我们就明白了，他在用我们这个时代的通用语优美地发声。他把我们带回了1966年，给我们展示了胡佛和他的电话窃听队伍，那些腐败的恶魔带着毒品和枪，它们像是给印第安人准备的瘟疫毯子。我们跌倒，失明，堕落，毁于里根经济学、可卡因成瘾、黑人整黑人。但现在是1988年，是时候来扭转这些年的败坏局面，掌握主动权，再次抓起我们的枪，拿出男子气概。

那时我已经见过了伟大的狮子阿芙妮·沙克尔，黑豹党二十一人中最出名的一个。她几年前搬到了巴尔的摩，在觉醒者中，她是一个传奇。阿芙妮是我父亲的一个老同志，但在黑豹党员们开始自相残杀时，他们选择了不同的阵营。他们的同志杀了对方的同志，但无论如何，在后来的十年里，人情重新将他们拉近了。

对那些传奇故事，我已有所耳闻，和父亲日复一日雷同的生活相比，阿芙妮的世界更宽阔。但传奇也是人——她看到我会微笑，会做意大利面，她觉得我的小婴儿弟弟很逗趣。她的儿子和女儿会和我们一起玩，比尔和她的儿子图派克交流歌词，我带她的女儿塞克伊娃去看《白雪公主》。但即便在那时，他们那一派也是富有魅力的，是最后一个对帝国毁灭抱有马克思主义式的希望的派别。

事情是这样发生的：比尔、塞克伊娃，我们所有人都知道自己是谁，就和死记硬背两条街道在哪儿交叉一样。但超出这一点的东西，一种孩子们为什么会抓起黑色贝雷帽、枪和法律书的感觉，我们就不怎么了解了。我逐渐接近真相，一个下午，塞克伊娃和我坐在我卧室的地板上跟唱《无断的反叛》[6]："我的名片很硬/录入并归档——切西马德[7]的支持者。"

塞克伊娃抬起头：那是我阿姨。倒不如说那是她阿姨的昵称。但是塞克伊娃对切西马德的名字怎么会出现在查克·D的口中也不怎么明白。

第二天我去找我父亲，想听听背后的故事。这故事一共只有两句话，爸爸从书架上找出了一本关于自我大智慧的书。封面上，她侧着脸，顶着爆炸头，望向远处。封面上写着她的名字——阿萨塔·沙克尔。几个月前我就该踏上这条路，研读我父亲重版的《非洲的荣光》。但现在，我真正成为一个探求者。这不是我父亲的故事，但它已成为我父亲的故事；因为在一个黑豹党人的传奇里，包含着他们所有人的故事。我心中立刻涌起牛仔的冲动——笨手笨脚的我，用强力胶粘眼镜框的我，拥有反叛的血统。这个念头让我心里充满了一种愚蠢的孩子气的骄傲。但我们所有人都需要神话。而在西区，我们全都失去了信仰，习惯于野蛮人的法律，我们的魔法是什么？那神圣的词句会是什么？

我选择了觉醒，是因为除此以外别无选择，没有其他咒语能够以翻毛皮、皮革和黄金来对抗死亡。我父亲用他的人生赌一个改变。为了累犯、被抛弃的母亲和误入迷途的黑人男孩，他与自己的人生达成了和解。我是个懦夫，最关心的是如何活到明天。我怎么能让自己年轻的生命与这样的血统相配？我该对我父亲的信仰——那把觉醒行动看得比性、面包乃至呼吸更重要的信仰——说什么？

答案也不在更远的地方，我们之中像萨米·戴维斯这样的佼佼者去了那里，他们说话的样子就好像从来没有过战争。我会避开卡通漫画——硬摇们喜爱比利·欧辛，路德·范德鲁斯是经典，而且我也的确在自己第七课时的音乐课上，看着阿莱塔·霍利，哼着《意乱情迷》。但你一定还记得那是个什么样的时代。黑人们涂着口红、顶着卷发登上音乐频道，吹嘘他们别具异域风情的四分之一黑人血统，吹捧弗雷德·阿斯泰尔[8]，说话时目空一切。我说的是卷发和小亮片，在天花板上跳舞的莱昂纳尔·里奇[9]。我说的是惠特妮的公共背景乐[10]，变成了不值钱的小玩意的理查德·普赖尔[11]。就像国会[12]从未出现，就像詹姆斯·布朗[13]从未成功。我们所有的英雄都已失联，蒙受耻辱，将有色人种促进会形象奖[14]拱手捐出，而我们在街头流血。

但现在语言开始觉醒，灵魂[15]拒绝怒容满面，斯特森音波[16]的呼喊在大西洋之隙回荡。先是查克，然后是KRS，然后所有地方的说唱人都在伸手去拿加维的三色旗[17]，向整片国土呼喊，自我毁灭已经走到终点，白人冰冷的逻辑对我们不再起作用，觉醒之日就在今天。

全国上下，民众深受福音音乐的影响。老黑豹党员伪装好自己，前来致敬查克·D。冷血杀手在领略了《升旗》之后丢下他们的枪，变成了素食主义者。兄弟们引用法拉罕[18]的话，嘴里喷着酒气。妓女做起礼拜，用脏兮兮的织物和真正的加纳彩色手织布料遮住自己金色的法式卷发。黑人女孩撕下阿波罗尼亚[19]的海报，烧掉手头上大麻贩子的联络方式，剪短头发，编上辫子。金饰束之高阁，时尚变成你父亲的达什基花衬衫、串珠和非洲浮雕。

音乐传播的也是我父亲的言词，尽管他对此不甚了了。他因为我的表现而感到挫败，即使是在我的觉醒意识喷涌而出的时候。他在笔记本上记录下我缓慢的进展：**塔那西斯今天上班迟到了十分钟，然后在卫生间待了十五分钟，工作了十分钟，然后又在卫生间待了十五分钟，出来之后和梅内里**

克玩了起来。他希望赶在十八岁那年的寒冬来临之前塑造好我们。改变正在进行，但永远不够快。

但我们的确在改变。大比尔被这种变革触动了，将每天的小打小闹变成了真正的抗争。引领我从迷雾中走出来的音乐也让他感到眩晕。他一次又一次地回到自己的研究室，沉迷于哀伤的低音部，描绘出撒旦堕落的全景。他们把乔伊招进去做键盘手，把乐队名字改为“地基”，变换他们的声音，直到它变得神圣且催人反叛。我听着他录的磁带和其他所有音乐，也开始理解其中的含义。

我那时十二岁，但当我听到《狂怒之词》——“如果你想要我的风格/我祝福孩子、地球和神明们，然后炸掉别的一切”——我扔下了所有孩子气的东西，拿起笔记本，把自己锁在字里行间。那个夏天的夜晚，我关上门，躺在床上写笔记。

一开始，我感到其他人的话语——我那正在改变的哥哥，上帝的秘传暗号，KRS-One 的哲理——从我笔下涌出来，而事实上，在多年的求索中，我从没能真正触碰到自己的语言。我的书写很拙劣，想押韵的时候上句不接下句，结尾金句碰壁，暗喻延伸脱缰。我写得不好，但还是日复一日、月复一月地写了下去，最终年复一年。我往纸上涂抹的墨水越多，就越能感觉到说唱的绝地武士团给我的庇佑。那个夏天我每天都写，和着B面伴奏合集押韵，直到我的笔变成恐怖街的手杖[20]（另加五次一看见傻瓜就能把他们驱逐的机会），而我的韵诗变成了贫民区的爆破号角[21]，尽管它饱受打击，杂乱破碎。那些词都是吹牛皮，但在吟诵之后我仍然感到自己变得高大了，虽然听众只有我自己。

我行走在外面的时候，头会抬得比以前略高一点，因为如果你能把抬头这件事做好，如果你能够宣称自己足够黑鬼，那么即便你只是和卧室的镜子抗争，你自己心里也有一部分能够笃信。我就是这么明白的，我就是这样理解了为什么所有的兄弟在写作和谈话中都那么夸张。即便是那些有大智慧的人也害怕街头生活。然而记韵诗的笔记本是咒语书——它召唤出沥青精灵、上古之神和泣泪先祖，他们都守护着你。那个夏天，我明白了果哥想说的话，在嘻哈音乐的庇护之下，你永远不会独居，你永远不会独行。

我一直骚扰大比尔，直到他带我去沃巴什表演一首马马虎虎的韵文。马龙已经把他父亲的地下室隔离开，执掌1200打碟机，转出碎拍。乔伊敲打键盘，找到他喜欢的连复段。

我坐在沙发上琢磨自己的韵诗，而比尔站在曾经的吧台后面，扶着麦克风。

那时我已经突袭了装有我父亲以前收藏的黑豹党报纸的大箱子，在爸爸的办公室里趁不工作的时候狼吞虎咽地读完了它们，在我的韵诗之书里胡乱加入了关于它们的暗喻。爸爸不再需要指定我读什么，我不再收集漫画，卡通变得不再重要，我一头扎进了父亲收藏的觉醒之书，家里几乎每间屋子的书架上都被他放了这些书。我就是这样找到我自己的，我就是这样读懂自己的名字的。我出生之后，爸爸一直在告诉我我是谁，告诉我塔那西斯是一个民族，是高贵的南方努比亚人的古埃及名字，但我并没有真的听进去。在我生活的地方，塔米卡是一个美国名字。但塔那西斯这个名字里有连字符，很容易让那些知道非裔美国人骂人诀窍的人浮想联翩。然而在那些讲述辉煌非洲的书里看到这个名字之后，我明白了自己为什么永远不可能是贾沃纳或皮特，我明白了自己的名字代表着一个民族，而非靶子，不是什么为了难住老师的东西，而是古老的努比亚人和光荣的第二十五王朝的埃及人。

我感觉到一道光穿过自己，我醒了过来，激动不已，迫不及待地想要看明白眼前的这个世界，搞明白我们是如何沦落至此的。现在，我更为全面地认识了莱梅尔中学，认识到它的复杂，因为所有珍贵的东西归根到底都是复杂的。认识到我的世界虽然身陷耻辱，也比一切都更可敬，比雷斯特斯敦和利贝蒂路异域风情的县城更美好。这世界上的所有蒙道敏商场——它们贪婪的店家、假发商店、人行道上的促销活动、分店、假黄金、混账男孩们和徘徊的女孩们——是我唯一的家。大智慧与觉醒合而为一，当我抓住麦克风，我创造了魔法。结束的时候，我看起来更高了，我的声音更深沉，我的手臂更强壮，先人与我同行，而我的手里，看啊，是尚戈[22]闪闪发光的斧子。

大比尔现在走得更远。他在学校的表现稍微好了一些，爸爸奖励他可以在他母亲那里多待一阵子。再也没有素香肠，再也没有书，再也不需要在后院里劳动。他大喊，我不在这儿待了！走出门去。于是我独处的时间变得更长，梅内里克才四岁，大人不准他到我们砖砌的前门走廊以外的地方玩。我的两个哥哥，马利克和约翰，正在读高中的最后一年。所以我独自出门，想找到别的什么我不知道的东西，骑着我脏兮兮的双把立自行车沿着柏立夫上行，骑进小巷里观察。

男孩们会选人打三对三的篮球赛，而我总是最后被选中，或者是干脆没人选的那个。我离开他们，在低矮的花岗岩墙边，坐在手提录音机旁，一边说唱，一边打手势。我在自己的房间花了很长时间，歌词、节奏和呼吸控制，我均已掌握。我能理清《交响乐》的含义和许多音节，也可以搞定《我在家里聚会》那可怕的单调声调。这事在我同龄的男孩中间传开了，他们把我视为天才，他们会聚在我身边要我做各种表演。然后我们会用接下来的几个小时辩论，主题是凯恩对上帝。

然后是篮球，我们同胞的国民娱乐活动。史蒂夫·阿特沃特和罗尼·洛特那猛烈中的优雅更让我倾倒，我曾经加入伦·拜亚斯的教派，但是在拜亚斯陨落——他在二十三岁时死于毒品引发的心脏病——之后，我就离开了。然而魔术师和卡里姆仍然是小巷里的模范。黑鬼们会投出胯下传球或天勾，同时还要喊出这些招式的名字，似乎那是一句咒语，可以召唤出篮球的最佳转动方式。

但我身上没有魔法。我没法在不走步或持球犯规的情况下做两次运球，我的跳投斜飞出篮板，我的罚球朝左跳出篮筐。这招来许许多多的嘲笑和取乐，但在其他所有事情上，大家都会遇到这样的情况。我们中的大多数人都会在什么事上做不好，只要拉里·扬、戴维·普里杰特或大比尔大声嘲弄你的小脚、大鼻子、失败的发型，就立马将你击倒在地，让你粉身碎骨。我慢慢明白了这里面蕴藏的民主，也明白了对这些男孩们而言，重要的其实不完全是你走上街头时拥有什么，而是你怎样对待得到的东西。

所以我自己做主。我不再让爸爸给我剪头发，而是拿着七块钱去蒙道敏的理发店，避开老男人老女人，然后顶着一个薄薄的渐层头回家。我站在小巷里，叫上旁边的人，选定球员，分边，开球，举起手臂，和我的队友们一起战斗。我说得更少，看得更多，评估走过的每片区域的气氛，调整自己的举止，让我的动作看上去是最寻常的样子。我和本地的帮派成了朋友。把我从希尔顿人手里救下来的勒罗伊是名义上的首领。然后是布，他住在利贝蒂路更远的地方，邻近巴尔的摩社区大学。还有布洛克和丹特这两个幸运的家伙，他们的父母把他们送去了私立学校。还有一对同母异父的兄弟，我不想提他们的名字，因为我们觉得他们的母亲在吸毒。他们住在一栋残破的大房子里，后院里有老鼠爬来窜去。这些人基本上都来自单亲家庭，身上贴着最不幸的标签——黑人男孩，他们没有明显的犯罪倾向，但由于无人指引，他们被推到这世界的十字准线前面。

但是我从他们那里获得了一大份大智慧。我们一起进入巴尔的摩，搭乘开往雷斯特斯敦的公交车去看电影，高唱《没有家教》，以那种傻里傻气的青少年做派欢笑，聊天，声音比平时更大。我们坐上去市中心的地铁，朝着海港附近的女孩们大喊那些粗鲁的话。和这么多人在一起我感到很安全，我注意到，如果我和周围的男孩们用一样的方式走路，只在必要的时候微笑，生活就会容易一点儿。在蒙道敏那边，落单的打手们会掂量我们的人数，尽管我们仍然是一个没有名气也没有称号的小团伙，他们也会转头走开。但我在这里仍然受冷落。我从来不会掏出武器变成拉里·戴维斯[23]，对尼诺·布朗[24]也没什么邪恶的幻想，但现在我知道了，这不是一片无序的混乱，条条街道构成了一个国家，和其他所有国家一样，这些街道有自己的颂歌、文化和法律。我并非生来就是一个爱国者，但在那个夏天，我成了一个帮派小卒。9月，我走出门廊，焕然一新，轻快有力。莱梅尔中学充斥着争吵打架、劫掠他人的孩子们，还有强制规定的制服和布料单薄的背包。

我买了一个蓝色的网兜，这在我们中间是一种很酷的宣示，我用一根薄薄的帆布带子穿着它，把它甩到肩上。穿校服的规定让所有人的穿戴整齐划一，只有鞋子除外。我求助于母亲，她从来不会反对当下的潮流，然后我就穿上了旅狐和乐步。

而且我并不是孤身一人。我们出发时也就五六个人，行过泰奥加，走下格温瀑布，然后走上草丘。我们所有人在其他街区都有兄弟，一路上我们会遇上夏令营或小学时的哥们儿，于是他的小团伙就被吸纳进来，就这样，我们的队伍不断扩充，最后抵达杜克兰山顶，我们击掌握手，人多势众。我们会站在水泥台阶的最高处，骂骂咧咧，酝酿愤怒，直至我们全都目露凶光，直至我们全都龇牙咧嘴，释放警告的信号弹。

然后我又是孤身一人了。因为从一开始，我的伙伴里就没人有什么天赋或才能。我独自进入马歇尔组的下一级——8–16 班，这一次男孩更少，这也意味着麻烦。我们的部队更小了，容不下和平主义者。我记得就在一年之前自己是什么状态，头脑昏沉，只想着随时逃跑，完全不愿参与这些事。我也想过走进去，直接扇我见到的第一个傻瓜，然后像是被授予勋章般接受停学处理。但这只是我头脑里的防御机制在发声，我依然是一个不切实际的梦想家，虽然现在这些想法被压抑了下来，但我念兹在兹依然是纸杯蛋糕和漫画。

我的老师们都更紧张了，因为这是我们人生中首个重要年份，这一年的表现将决定我们会去哪所高中。上英语课的时候，我们五人一排，我的辅导员韦伯斯特先生——白人，戴眼镜，和善——分发了写满我们未来可能性的小册子。册子里面是巴尔的摩所有精英中学的资料，它们的概况、要求和不同的特长范围，涵盖了从音乐到英语，到后备军官训练队，到工程学，再到数学的一切。我那时（现在依然）向往做一名科学家，志向是巴尔的摩理工学院，它是全市最好的学校，也是未来的加勒特·摩根们和查尔斯·德鲁们的家。但还有更重要的理由——在所有事情之中，我们第一关心的是安全，全市的各个学校里，我们看到的不是了不起的学业成绩，而是枪械法则的终止，是刑罚暂缓之地，即使这仅仅是因为那里的所有人都是自主选择了它。课堂上的事排在第二位。

新的一年里，我们和跟我们完全相反的8–07班一起上体育课。他们懒懒散散地走进来，坐在体育馆另一边的露天看台上，中间一个女孩都没有——他们有三十个人，比我们人数多，看起来他们反复在各个年级留级。我就安静地坐在后面，像《无人微笑》里唱的那样，我告诉自己我一点都不害怕。我们共用更衣柜，我一看到他们，就知道8–07班的人想要在更衣室里练练手，探探我们的深浅。我的兄弟杰曼把我拉到一边，提点我——塔那，你最好别像个好欺负的人一样站在那儿。

我现在已经是班里最高的几个男孩之一了，也学到了足够多的大智慧，明白8–07班的人会先攻击我。我的身高让我成为我们班象征意义上的领袖，虽然这个头衔非我所欲。下课后，我在更衣室里换衣服，等着某个大孩子出手，那些大孩子看上去就像是该去参军或开卡车一样。然而，出乎意料，他们派出了一个和整个局面格格不入的人。一个笨拙的怪高个儿，戴着厚厚的眼镜，脑袋看着不太灵光。他对这事很不擅长，在更衣室里绕圈小步跑着，似乎他过去整整一年都在掸自己牛仔裤上的灰尘，或者给眼镜缠胶带。我明白他的举动是什么意思，就好比你为了不让过去重演，愿意做任何事，这种感觉会让你抢先一步吼叫出来，就算按街头标准，他的速度也稍快了一些。

但是这孩子把事情搞得更糟了。

他们围拢过来，他朝我走近，我整个夏天都在为这一刻做准备。我听到808的鼓声在我脑中敲响，我一言不发，举起双拳。这是我第一次正式打架，第一次感到愤怒就像打火机油一样一点就着。这孩子很无礼，这是在试图告诉我们，就连他们中最弱的那个都能打败我们中最高大的那个。而另一个事实是，在他的软弱中，我也看到了我想要摆脱的那个自己。我冲了上去。

接下来发生的不是光荣与胜利的故事，而是一场瞎滚乱打，许多没有瞄准的拳头都打到了钢制的储物柜上。这场乱斗以我们两个双双锁住对方的喉咙而告终，两边人一起把我俩拉开。8–07班的人抓起他们的网兜，在我们之前陆续离开了更衣室。

没过多久，大比尔被按时遣送回泰奥加。这是有规律的，这阵子他会先稳一稳，获得一个缓期执行，然后回归他原本的自我，最后再被判处由爸爸看管。琳达、爸爸和妈妈都在试着把他拽向应许之地，但他仍然夹在中间，想要尽量兼顾新的觉醒和自从他第一次站上街角以来街头教给他的一切。

不管怎样，他关心的都是女孩、麦克风和对被爱的需要——被当前的人事物景所爱。

他就是被爱情绊住的。评判所有男孩的标准都是臂力，以及他们把偶遇转化为电话号码，继而转化为皮带打孔[25]的能力。比尔身材高大，潇洒时髦，总是剃着精神的渐层头。但更重要的是，他从不迈小碎步，从不说话含含糊糊或盯着地面。在我们认识的女孩中，这种自信是极受欢迎的品质，事实上，这是任何交流的先决条件。于是比尔在女孩的簇拥中变得放浪，之后就是纠缠不清。有一个女孩去琳达家寻求承认，寻求一点点尊重。比尔应了门，却不请她进来。琳达就坐在里面的房间。

这个女孩数周前怀孕了，比尔同意出一半的钱，而她同意不把这件事告诉大人。但孩子气的那一面仍然支配着他，一半的他希望这个交易能自动消失，另一半的他则一错再错。比尔和她分手，不接她的电话，出去寻欢作乐。她只是希望他遵守承诺，他们吵架，她大喊着砸门，他要求她换个口气，她不听，他就变得很生气，然后抓住这个百来磅重的女孩，把她摔在地上。

动静大到足以惊动琳达——

你疯了吗？我把你养大不是让你打女人的，给我滚进来。

在屋里，成熟的女孩跟琳达讲清楚了整件事，比尔待在一旁，如坐针毡。当然，现在这事已经脱离他的掌控了。琳达给爸爸打了电话，爸爸命令比尔对此负一半责任。比尔要长途跋涉过四十号公路，到一家乡下的诊所去亲自看着事情了结。

从那之后，爸爸就不再管比尔了。比尔和爸爸一直在干仗，但他现在十七岁了，在爸爸眼里已经是一个成年男人，已经大体上确定了接下来要走的路。他被送回泰奥加羁押，但是没人再检查他的家庭作业和成绩卡，或者因为翘课训斥他。爸爸发出了简明的最后通牒，把剩下的事都交到了大比尔自己手里。我们所有人都按这个规矩来——满十八岁的时候离开这所房子。

说回莱梅尔中学，马歇尔组和8–07班的人达成了一个共识。在我那次打架之后，又有一些冲突，但是一旦树立了尊重，我们见面时就再也不能守住那危险的界线，演化成那种男孩之间随时随地的殴斗。第二个学期，我们组就单独上体育课了，想打拳只能内部操练一下。男孩们仍然渴望证明自己出拳的速度和掌控大局的能力。而我，我只是打一套刚刚好的组合拳，把我很乐意用几巴掌来维持和平的信号传递出来就收手。对此熟练之后，我和我的天才兄弟们达成了一致。

我们只有七八个人，但在一年前，只要我在附近，他们就忍不住表现出不屑。现在，我们因共同的喜好建立了交情，我们都痴迷于丹·马里诺的投球。午餐时间，我们交流拳王泰森的绝杀，他怎样用左手把黑人对手击倒，他们怎样摇晃着倒下，再站起来，又一次被打倒。我们最深切的梦想就是跟着那永恒的奇异力量一起环游世界。但这个梦无法实现，我们聚在一起，试图营造一种能抵御攻击的气氛。

一大群朋友参加了我的上学仪式。小天才们必须坐公交车从西区更偏远的地方过来，他们改了路线，早晨在我家门廊前停下来等我，然后我们会一起向前行进，保护彼此。我为这种转变而欣喜若狂，也对自己重塑自我的能力惊讶万分，我不是在什么没人认识我的私立学校或县立学校里完成这个转变的，而是在我自己的土地上，在这个我曾经因自己的肤色而感到恐惧的地方。

周末，我做作业，写韵诗。我听着吉尔·史考特的歌或马尔科姆《致草根黑人同胞们》的演讲录音带，然后继续我的探索，摄取父亲藏书里所有关于黑豹党的内容。这一切对我来说都太浪漫了，我用一个英雄取代另一个，罗伯特·威廉斯和休伊取代了蜘蛛侠和古斯。[26] 确切地说，这并不让人愉快，但给了我自由。我无法逃避我自己，然而现在我并不想逃避。我的新英雄和他们的故事为生活中我憎恨的一切赋予了意义——被禁止的假期和斋戒，指定阅读书目，遍布四周的愤怒的年轻男孩们。爸爸注意到了，却没有说出自豪的只言片语。但从他大部分更积极的情绪里，我猜到了他是怎样把这一切记下来并保存好的。

凭借不懈努力，我在莱梅尔中学确保了自身的安全，但我知道，如果我可以去一个不用了解安保细节的学校，那我就应该去。我的目光锁定了享有盛誉的巴尔的摩理工学院和它的兄弟学校西部中学。小时候，我住在蒙道敏附近的那几年，克丽丝是西部中学的三年级学生。上学的日子我们会坐同一班车到西冷泉，我走过几条街去读五年级，克丽丝就在轻轨下面的马路边等着。我常常看到她那班公交车，33 路，车前电子屏上滚动显示“理工学院 / 西部中学”，我觉得很不可思议，这两所学校竟然拥有这么大的影响力，连公共交通都要给它们特权。

理工学院和西部中学的建筑群是巴尔的摩的王座。以前它们由统一着装的白人孩子独占，而现在，和所有充斥着战前房屋和破败街道的旧白人社区一样，它们归我们所有了。但是，与我们继承的其他所有东西不一样的是，它们的伟大传统延续了下来。西部中学曾经是乡间最古老的公立女校，它起初是为东北部那些贵族学校筛选学生的漏斗。传统逐渐形成。三年级的大姐头带着新生小学妹，高年级学生穿一身白庆祝新年。吉祥物是鸽子，篮球队很火爆，地位很高。

穿过方庭，对面就是同样庄严高贵的理工学院。它曾是一所男校，后来吸收先进理念，率先开始准许女生入学，成为全市第一个同时接收男生女生入学的高中。凡是有理智的男孩都不会反对年轻姑娘的到来。除此之外，理工学院的大部分传统都保留了下来——橙与蓝的标志色、杰出的橄榄球队、与城市学院的竞赛，最重要的是，稳定的有科学思维的年轻生源。每个从理工学院和西部中学毕业的人都上了大学。

那一年我表现很好，不过这个“很好”对我来说就是取得C的好成绩，只挨爸爸或妈妈一顿打。我肯定真的表现得非常好，因为这顿打轻到我甚至都不记得是谁执行的了。眼看着会受惩罚时，我就总能表现得更好，要去我们学区的高中上学这个威胁让我投入了家庭作业和学习的怀抱。他们是在春天时通知我们的。这就像是大学入学考试的微缩版。你能看出来，我们这些天才项目里的人是与众不同的，这个学校里的大部分学生都知道自己注定要去哪儿，我们却因有所期许而忙忙碌碌。没有人想去他们学区的高中上学。

接到消息的时候，我母亲在家。我不记得那个信封的颜色，也不记得那封信有多长，但我记得自己上蹿下跳，拥抱我母亲。我记得她怀着真切的自豪对我微笑，而且这次跟以往不一样。她经常为我感到骄傲，也经常表达出来，但那都是因为我的潜力和可能性，因为我说的什么话让她期待在未来的某一天，我可以变得比现在更好。而现在，她是在对切实的东西微笑，对真正的事实微笑，不是我梦想着能成为的什么，而是那一刻**真实的**我。

那对我们来说是希望的季节。爸爸已不再过问比尔。尽管比尔志在街头，但他脑子还够用，明白没人能靠吹嘘自己是个高中肄业生就泡到妞儿。比尔甚至懒得去申请霍华德大学之外的任何学校。此前他去看了克丽丝和凯尔，见识了她们的聚会，那是比他高一个层次的聚会，他隐隐感觉到大学不只有一群戴眼镜的书呆子。这足够促使他付出自己人生中第一次成熟的努力，并因此获得了第一个有意义的结果。他被录取了，成了爸爸送入霍华德大学的三个孩子中的最后一个。

那一年剩下的时光，我感觉又轻松又有音乐性。在课上更放松，在夜里写韵诗。我们所有人都在期待一年一度的八年级旅行，去帕塔普斯科州立公园。我母亲带我去雷斯特斯敦购物，我买了明蓝色的运动套装及配套的杜克 T 恤衫、Starter 牌帽子，还有一双蓝白相间的气垫减震鞋。我们去吃了炸鸡、玉米、蔬菜和烤饼。第二天我自豪地穿着这套衣服出门，我活到现在从来没这么有范儿过。学校让我们拿上自己的手提录音机，穿上自己最酷的衣服。老师们带着野餐的食物、橄榄球和垒球器械，把我们塞进大巴里，让我们颠上四十分钟，从人口稠密的都市来到视野开阔的郊外。我摇下校车的车窗，尝了尝空气的味道。那时我还对花粉过敏，但那肯定也没什么大碍，因为我甚至不记得打过哪怕一个喷嚏，或者揉过一次眼睛。

那天我们徒步穿越州立公园，一路上扔橄榄球，赛跑，大喊**亨利·埃拉德**[27]或**杰瑞·莱斯**[28]。就在那时，我们看到他们翻山而来，跑向我们。我们不是唯一一个出来旅行的八年级班。8–07 班携着他们的无限荣光跑下那条沥青路，我们远远地望见他们，虽然不知道待会儿事情的走向，但我们都做好了准备，集结待发。

我们没有跑开，而当他们越来越近，我们也越来越清楚，逃脱是不可能的，我们必须时刻绷紧备战这根弦。要是有人带着手提录音机，我倒是很愿意假设他放在卡盒里的是《兄弟们能搞定》[29]。但这件事发生得早了一年。那是 1989 年的春天，我只能勉强算个战士，技艺拙劣，手脚也笨。但我获得了大智慧，发誓用我那不灵便的斧头守护这法典。

他们跑上前来的时候放慢了速度，气喘吁吁，有人甚至弯下腰撑着膝盖。他们开始大笑，我们中的几个人也姿态放软。但我避到了一边，满头雾水，深信无论其他兄弟被给予了怎样的尊重，这份尊重也不会延伸到我的身上。他们中的一个人靠近我——怎么着，黑鬼？——然后伸出手臂。恐惧和挫败让我绷紧了身体。在这一切刚刚开始的时候，我就预料到它会怎样结束了。但紧接着，他微笑起来，我低下头，看到了他张开的手，这是通用的和平信号。我伸手敲了他一记。

第五章
这是雏菊年代[1]

我穿着浅灰蓝色短袖衬衫，搭配深蓝色旅狐鞋、石洗牛仔裤。我有个绿色的扎染书包，两根黄绳子代替肩带，后面装饰有纽扣，还有我崇拜的英雄——鲍勃·马利、马库斯·加维和马尔科姆·X——的徽章。黑鬼，我很时尚——我两天前刚刚剪了侧削平头，其时尚的尖角能够切断任何锁链，释放所有奴隶。我可能会在脖子上挂一个木质的埃及十字架。我可能会随身携带我的武器，那是关于自我的大智慧——《反谍计划文件》[2]或《黑豹是只黑猫》[3]。

我那时十三岁，但我带着那东西，踏出门廊与圣子同行，飘过蒙道敏的黑人停车场，付了我的停车费，乘又宽又长的扶梯下行，然后坐火车去罗杰斯站。还差一次转车和一趟公交才能抵达，但我已心潮澎湃。凭借我所有的惊骇与战栗、麻木与懵懂，我召唤出了进入这王城的通行证。我希望我曾在那长长的地铁站台上停下来，闭上双眼，深吸一口气。我希望我曾抓到那种感觉，紧紧握住，意识到它绝非永恒。可我还那么年轻，青春无限，所以我蹦跳着下了两段扶梯，走了几码，进入车站下方阳光和煦的低地。

对马克·加维发誓，西区准备好了。每个人都逛过查理·鲁多的店、高能店、鞋市和罗伯特·C 的店，直到我们找到一堆又一堆上学穿的衣服，能让我们接连几个月都派头十足。罗杰斯大道在嗡鸣。几十条公交线四通八达，几十辆公交车在枢纽站进进出出。孩子们聚在一起欢声笑语，比我这两年内见过的任何学生都自由自在。我独自一人，但现在是一个回归本性、无所畏惧的人。我逃过了突袭，躲过了穿连帽衫的孩子们，他们的手深深地插在口袋里，时刻威胁着要抽出。我从父亲，从他汗牛充栋的书籍、他坚硬如石的双手中挺了过来。我从大比尔的阴影中挺了过来，最终成为一个有大智慧的人，而非浪荡街头之徒。

我站在一旁，就像《无人微笑》唱的那样，做出一副很酷的样子，代表着莱梅尔中学。我上了公交特线33路。“理工学院/西部中学”的字样在车前滚动，如同命运的指引。当我在罗杰斯站上车的时候，它已经半满了，而当我们驶下沃巴什路，穿过冷泉巷时，它装满了和我相似但不完全一样的孩子们。他们有天赋，但是一直在氛围更宽松的学校里受到保护，出身于独栋别墅林立的街区，那里铺设着用来在秋天打橄榄球的草坪。这里仍然是西区，所以他们身上也有着这片束缚之地的矜持。但是他们恢复了自己的笑声，既不顾忌笑起来是否显得软弱，也不考虑笑可能意味着什么。

整个夏天我都在附近校园的先修学院里为报考马里兰大学做准备，这也是我父母对我们的前途做的另一个规划，他们希望我们不论在他们那里漏掉了什么，都可以从别处得到弥补。那一个月，我和来自这城市各个角落的孩子们同住一间宿舍，我们一起睡在套房的铺位上，白天听理科课程，去城市里各个有趣的地方实地考察。我们在学校的自助食堂吃饭，休息的时候就去游泳，在宿舍休息室里消遣，看有线电视或者坐在房间外面用我们的手提录音机放《重生》。周五，父母会来接我们，或者，我们坐上20路公交车，在它穿行于空旷野外的道路和车站时凝望窗外。遇到才艺演出活动，我们几个就用斯利克·里克的《儿童故事》[4]唱双簧。我是讲述者，我的搭档艾萨克表演抢劫女士、掏出手枪等情节。

晚上，套房的门不上锁，男孩女孩掠过彼此的房间。我们不知道该对女孩做些什么，也不知道该对自己做些什么，但我们内心最深的渴望是要表露出身体里那个生机勃勃的成年人。基莎在一个异教徒时刻破门而入，屋外的熹微晨光将我唤醒，黑暗中，她宛如天使。白天，我们的交谈友善又暧昧，她身材苗条，棕色皮肤，来自樱桃山，在那里他们用废铜烂铁打黑人，把黑人从基伊大桥上扔下去。我们交换了手机号码，聊了聊"三人行"。她在我旁边躺了下来，手拢在胸前。

你还好吗？我问。

她给了我一个肯定的回答，于是我又睡着了。第二天早上，所有女孩都对着我咯咯地笑，问我是不是同性恋。她们都太早熟了。我才十三岁，那是1989年，很多事我还不明白。

我们在校园门口从33路车上下来，加入叽叽喳喳聊开学第一天的人群里。我激动得要命，但还是故作镇定和低调，立刻环顾四周去打量女孩们，而我看到的一切彻底击碎了我的认知。周围的美丽女孩来自全市——韦斯特波特、荷兰岭、格温橡木和诺斯伍德。从黑白混血的浅色到纯正的深色，什么肤色都有。其中有几个完美女郎背着贝纳通包，打扮得和莉莉·鲍尔斯一样漂亮——指卷波浪，染出一头金发，眼睛像魔法匕首一样有杀伤力。我发现我们男生比她们人数少，因为尝试走文明之路的兄弟们人数一直不多。但在此种情境下，这个事实令人兴奋。

许多场景在我眼前闪回，几张面孔将我带回卡拉威小学和罗纳小姐身边，我看到了那个夏天在马里兰大学巴尔的摩县分校见过的几个人，还有莱梅尔中学的两三个人。我不记得有铃声提醒，但我们都在恰当的时间陆续到了，走到几天前收到的信上所注明的主教室里，我在那里见到了我的第一位白人老师——戴着眼镜，上了年纪，秃顶，他是理工学院尚是一个不一样的兄弟会时期的遗老。我们是一个不一样的族群，和他之前教的男孩们不一样，他也和那些穿着短袖白衬衫、系领带、留着不起眼发型的老教师不一样。

理工学院随着巴尔的摩文化和人口的改变而改变。现在是我们的时代了。幕布缓缓拉开，我们从大地震中渐渐恢复，尽管还有些余震。我不再那么担心遭遇突袭，天气预报员播报了更多好天气，校园枪击案的报道被黑人回归所取代，查克·D仍在传道，揭露猫王死因真相。我们的英雄们不会出现在邮票上。晚上，我播放《精准地扭断他们的脖子》，念着歌词。我的白日梦都在舞台上，那里一片漆黑、万籁俱寂，直到我举起自己的吉他，以文学和寓言触碰麦克风。

大比尔正在改变自己，去适应霍华德大学的生活，在他的寝室里，在一堆堆衣服和球鞋、光盘和磁带、写着歌词的黄皮笔记本中间，塞着他的枪。他的心里充盈着第二种人生的各种可能性——没有规则，没有家务活，烧掉连绵的高架铁道的机会。他在渐渐改变，他随身带着爸爸的几本书，开始感受到民族的召唤。但他害怕丢掉自己的本质，害怕街头赐予他的超感天分被缓慢侵蚀。在他看来，大学生活就像是一部动画片，到处都是笨手笨脚的人、很宅的人、能计算出火星上的温度却不能告诉你时间的孩子们。比尔被生存法则驱动，他是一名战士，坚信自己不会在外面被抓住。但“外面”比他能想到的更大。

他的偏见在第一周就瓦解了。他发现，不出所料，他眼中的那些书呆子们在这个城市里穿行时就好像那些坏事根本不可能发生一样，而当他们遍体鳞伤地回到校园，口袋里的钱也少了几张。但这里是霍华德大学——不可思议的黑人国际都市。黑鬼，整个校园活力四射。白人们漫无目的地经过，晒晒太阳，然后开始引用卡布拉尔。在他们的第三代里有祖先的遗产。联谊会的会员们跨过中庭，几千个姿色各异、风情万种的美丽女孩操着不同的口音，来自各种文化和亚文化的孩子们组织起有关机器人、羽毛球、房地产和巴哈伊教的兴趣活动。

这就是霍华德大学的校园，弥漫着那些为民族之战牺牲了自己生命与事业的校友的精神气息。和莱梅尔中学一样，那些大厅以爱国者们的名字——道格拉斯、德鲁、塔布曼和贝休恩——命名。校园里有橄榄球比赛，在唱校歌时，人们会适时大喊“这不是白人的学校”。课堂上的辩论时而延续到走廊里，话题形形色色，从尼加拉瓜反叛军到全球变暖，但过滤机制永远是加维式的。所有的机制——祖先的幽灵、命名的习俗、研讨课——过滤出了我们共有的意识，过滤出一种持续的鼓点，允诺着一种崭新的、更进步的大智慧。

比尔眼花缭乱，在这些派别之中，他找到了志同道合者——从兰辛、纽约、底特律的废墟中幸存下来的人，他们抓住了天分和进步思想。在萨顿厅，他们聚在一起，抽着雪茄——我们这一代人的戒毒工具。可卡因让他们的童年变得痉挛麻痹、耸人听闻，他们坐在超速的车里飞快地度过了童年。青春期的所有美好经历，初吻和初夜，都因谋杀率和不成熟的父母而黯淡。一切都发生得太快了。所以他们找到了山火教派，凭借暗号聚在一起，在毒草的效力下昏倒。燃烧的灌木是《来此处》[5]，是一个集体的拥抱，是一个把糟糕的事情暂停下来的机会。

其他人经历了爱的瞬间，比尔却看到了他的机会。他们的仪式是聚在一起抽十美金的麻醉物品，但有一半时间都在因为劣质大麻和雪茄不够抽而呻吟。比尔很有创意，他想自己何不存一些钱，启动买卖可卡因的生意，卖出足够多的货，然后再进，把利润留给自己。他以这种方式成了寝室的联络员，这个身份让他进入了覆盖校园的网络，这和他在家乡拥有的网络并无二致。他做着毒品生意，和新朋友聚会。下课后，他们运着球去附近的场地，遵守规则，待在一起，避开那些把他们当成好欺负的大学生的华盛顿黑鬼。比尔有过多次惊险经历。在球场上，他总是骂骂咧咧，往没安好的篮筐里扣篮，然后大声叫喊，捶自己的胸口。一个本地打手听不下去了，他向一辆车走去，回来时手中挥舞着铝制球棒。但比尔很冷静，他知道在任何时刻，他都可以把手伸进口袋，一锤定音。

我们家多了新成员。我很多年没回过巴林顿路，自从上了莱梅尔中学，我就停止了所有回家的幻想。那栋神奇的房子已经卖给了所罗门一家，一对年轻夫妇，他们的儿子比我年纪小。父亲是威利斯，母亲是乔维特，孩子叫基尔。爸爸最初卖房子的时候，所罗门一家会在周末来拜访，处理一些晦涩难懂的不动产事宜，这些事情是孩子们一点也不想了解的。我和基尔在门前的草坪上扔橄榄球，或者用树枝和金属垃圾桶的盖子当剑和盾，玩攻守游戏。我们之间有的只是点缀童年的一段短暂友谊，在父母之间的交易完成之后，我们的友谊也便结束了。

但是，后来所罗门一家又回来了，泣诉着我们这个时代的挽歌——失去父亲。爸爸和妈妈坐在乔维特的起居室里，他们是为一个寄错了的包裹去的那儿，大家聊的话题逐渐扩展。威利斯去世了。乔维特孤身一人，没有工作，还要抚养儿子。爸爸已经变得保守，但不是为了终身教职和面包出卖我们的恶魔学家的那种保守。他的保守体现为蔑视他人关于革命的荒谬说法，怀着一次只拯救一个灵魂的谦卑目标。一名骑士已经陨落，谁会继承他的旗帜和利剑？

我的父母回到家，讨论他们该怎么做。他们两个人都要去华盛顿上班，把工作日晚上和周末用来经营出版社。有时他们会雇一些人来看管书店。生意在做大，他们的出版社以前不过是出版几本 J. A. 罗杰斯的小册子，面积只有书桌那么大，现在已经成了巴尔的摩觉醒者们的枢纽，书卖到了全国各地。他们需要更多人手。于是乔维特到泰奥加的地下室来工作，和家里人越走越近。在这种情况下，她的儿子也就成了我的兄弟，他放学后会来等母亲下班，周末她碰巧要工作的话，那他也会过来。

我们是不一样的人——比如比尔，街头生活让他光彩照人，而我却很确信自己在那里绝不会有什么出路。但我干坏事的能力是足够的，而且像大部分男孩一样，跃跃欲试想要探索世界的极限。基尔比我小一岁，但是从我们打橄榄球的状态来分辨的话，可看不出他年纪比我小。我们会跑到巷子里，对着木箱射门，或者去海港公园看午夜场电影。我们贿赂酒鬼，让他们去帮我们买几大瓶四十盎司的红牛，喝得上头之后试着走直线，摸鼻子。

我们的妈妈志同道合，尽管我们都还要过好几年才考SAT，她们已经启动了一个备考项目，给我们做词汇量、数学和猜答案技巧方面的培训。我母亲在整个成年生活中的主要工作就是督促孩子。到了晚上，妈妈和乔维特会开车去蓝色加勒比和男人们跳萨尔萨舞。她们在巴巴多斯度假，然后乔维特和基尔加入了我们每年一度回我母亲故乡——马里兰州东海岸——的朝圣之旅。我们和塔比阿姨住在一起，她给我们做华夫饼当早餐。我们是一个没有隔阂的大家庭。

我日益觉醒，直到我变得执着于自己生错了年代这个事实。所有伟大的战争都已结束，而我只有在父辈留下的谜团中翻找搜寻的份儿。但是，啊，我多么想替约翰·布朗[6]去受刑，或者杀了那个告发维齐的劳工。我在为了我们这个民族而建的书店里漫步，浏览钱塞勒·威廉斯和夸梅·图雷的作品。我在随身听里放了《选票还是子弹》[7]，在书包上别了更多的加维徽章，我穿的T恤上印有威权主义的宣言——“同一个上帝，同一个目标，同一个命运”。我读了《冰之人的传承》，但是我并没有认真考虑黑色素的至上性。我们低迷了太久，渴求任何能证明我们有更高价值的事物。所以我们接受了江湖骗子和他们愚蠢的科学，直到所有古老的神话重混在一起，野蛮人不是鼓手和舞者，而是海拉和托尔。[8]

对父亲的藏书来说，我成了瘟神。他既因为书的内容，也因为书本身而珍视它们。但我只在乎里面的内容。我如饥似渴地阅读，然后像丢弃谷壳一样把它们丢到旁边。我父亲找到了《去死吧黑鬼，去死吧！》被剥下来的封面，然后把我按在地上教育。他没有禁止我看书，相反，冷静下来之后，他解释道，我生活在一间庙宇里，了解很多人已遗忘的大智慧。作为回报，我应该心存崇敬和感激。

但我思绪混乱。沉迷于一件事的时候，我只想着我想要什么，无暇他顾。强烈的渴望每十五分钟拂过一次我的身体，每一次渴望都盖过了前一次。我没有办法集中精神。我在一个白色的房间里，它也许是密闭而空洞的。然而，空怀所有成年的原始冲动，我是个不堪一击的拳手。在学校里，我成了一个麻烦，第一个学期结束时，我挂掉了三门课。我认为自己有能力获得那些学生奖项和荣誉，有时我甚至想要得到这些。但我更渴望活在自己的头脑里，只在要大笑或回家路上警惕观察街头巷尾时才现身。

我相信我们所有人的智慧，我相信自己的智慧传承自那些使金字塔排成一线、用裸眼观察遥远星球的行星环的智慧。那是我领受的最伟大的传承。但我把这个好消息变成了一个坏结局，我把所有新老师都研究了一遍，挑出那些永远不会理解我的。这些老师本应去布林莫尔学院或卡尔弗特高中任教。他们不知道我们来自什么地方。这是我生活的出口。上课的时候，我们坐在教室后排聊天说话，朝女孩扔纸团，我每十分钟问一次老师能不能去上厕所，在走廊里冲其他班级的朋友做鬼脸。我求来换一个教室的机会，我会走进去，从上到下地用**你很清楚这是怎么回事**的眼神盯着他们看，然后就开始了——纸团在教室里纷飞，固定好的座位被打乱，带着回形针的橡胶带从教室一头扯到另一头。

整个过程中我一直在笑，但是只享受了一小会儿的时光，爸爸就出现了。我在家长教师协会的见面会上被宣布对这件事负有责任，从那之后，爸爸开始冷不丁地出现在学校里，坐进随便哪个教室。他从来不抓我的现行，只是穿着他的其乐鞋和宽松长裤坐在教室后面看着，就这样羞辱我。但这还不够，我索取的东西比我应得的更多。我能安然念完莱梅尔中学，是因为我的老师们把其他所有门都挡住了。他们开会，规划，花费两倍乃至三倍的精力看管我们，在放学后留下我们，督促我们，激励我们。他们完全忘记了自己理论上的工作职责，成了介于牧师、父母和辅导员三者之间的角色。我用自己的热情回报他们的热情。但在理工学院，教书只是个职业而已。老师们只做他们该做的事，他们觉得学生也会做学生的分内事。我向他们索取更多，又几乎完全不要求自己。

顺理成章，我在这高贵城市度过的第一年是这样结束的——被手铐铐在学校保安处的办公室里。我第二个学期的英文老师是一个小个子男人，声音也很小。他在上最后一节课时，用那种半死不活的声音说话，直把我说得眼皮都抬不起来。我给了他一个奔忙的老师应得的全部尊重，也希望他反过来能顺着我的意。到了学年末的时候，有那么一个春天的下午，你所有的荷尔蒙都在奋力挣脱束缚。但是你仍然不得不忍受一些叽叽歪歪的无聊废话，教你副词、从句和连词。在你盯着穿紧身牛仔裤的塔玛拉·加勒特看了一整天之后，谁他妈还会在乎那些？更何况你还知道放学后她会去乘44路公交车，她美丽的棕色眼眸让车上的每个乘客都目眩神迷。

我走进教室的时候脑子里想的就是这些，还分了一些心考虑怎么逃课。我在前面停下和一个朋友打趣说笑，而其他所有学生都已经就座了。老师说了好几次让我坐下，然后他没法再保持冷静了，当着全班的面叫我立刻闭嘴。我甚至记不起他说了什么，但他抬高了声音，在这么多人面前，我可不能退缩。

我抬起手拍他的脸。“从今往后，你再敢吼我一次？”

他平静地命令我出去，叫来了学校的保安。因为自负，要面子，我头脑发热，以至于对着保安说了太多不计后果的话，他把我铐起来，带到保安处，开始写报告。我立刻被停了学，甚至有可能被开除，他们让我和家长一起来学校，否则就不要回来了。我一个人坐上33路公交车回家，那时我才真正回过神来。我的生活迄今为止都是本本分分的，我累了。这就是我对边界和尊重的宣告。当然，做出这宣告要付出代价，支付者就是我的父亲。

他等在前厅的门口，又一次在一个最糟糕的时刻里神奇地没在工作。妈妈和乔维特在他旁边，于似笑非笑中透着震惊和愤怒。乔维特走出房间，这一切就开始了。他扇了我一巴掌，我倒在地上。

我母亲插手了。

保罗，保罗。

他推开她。

女人，别挡着我。

他继续揍我，传递给我一股像爱克伊诺[9]一样古老的“气”。这股力量源自那些保护儿子免受鞭打、火刑、绞索和被大腹便便的警长们伤害的母亲。我的父亲揍我的时候，拥有的力量堪比一队反抗的奴隶，他揍我的时候，就像是在害怕，就像是世界在变得逼仄，将他挤进角落，就像是他在试着救我的命。我跑到楼上，哭着睡着了，这时他们开了一个短会。这次会议只有一句要紧的话——谢丽尔，你更希望谁来做这事：我还是警察？

几个小时后，我在小厨房里见到了母亲，她试着解释她的感受，还没怎么说出口就开始哭。她知道我根本不清楚自己自始至终离跌落深渊有多么近，像我这样的男孩会因为何等荒诞、超现实的理由被从世上抹除。上一分钟我们在朝出租车扔雪球，在7–11门口抽大麻，冲下小巷，下一分钟我们就已经被拔出来的枪指着，被包围，踏错一步就会坠落。我永远处在踏错一步就会坠落的状态，匕首永远抵在我的喉咙上。

第一次，我的父母请求我回到学校去。那个晚上，我们走到蒙道敏，在海滋客[10]吃了饭。我们聊的内容和平时没什么不同。他们不赊账。他们去见了校长，说明我的品行是良好的。他们去见了我的英文老师，向他保证我不会威胁到他的安全。他们去见了学校的保安，告诉他我没有吸毒史。他们去见了地区法官，向他保证没必要把这事上报到州里。

一周后我回到了学校，又过了几周，我去参加暑期班。我的母亲带我去理工学院的主要竞争对手城市学院那里，开了一张支票。课后我回到家，有一箱新书在等着我。周末我和邻里的男孩们待在一起。每个周末晚上都有一个人的母亲要上夜班（只有我除外），我们就会聚在那个没有阿姨看着的房子里，给女孩们打电话，播放夜店音乐磁带，小口喝酒，喝到飘飘然。

我去蒙道敏商场外面给酒鬼塞钱，让他们替我买廉价的低酒精度葡萄酒。我回到那个房子，拍五下门，把棕色纸袋包着的酒瓶递过去。一个小时后我已经晕晕乎乎，胡乱地和女孩们亲热。我醒来的时候，两边太阳穴都在跳，疼痛的小鸟绕着脑袋转圈。这样的生活持续了几个月，直到有一次，别人一激我，我挑战了一瓶四十盎司的红牛，然后整个早晨都趴在抽水马桶上。

我的父母没看到我这副样子，但他们知道我在偏离正轨。爸爸留意着南方的哥伦比亚特区，重新召集了多年前在霍华德大学卖书时形成的联盟。他联系了民族之家，这是一个黑人兄弟姐妹的联合组织，里面的人和我父亲一样，相信革命不是靠说些豪言壮语就能完成的，而是要脚踏实地。他们的组织买下了华盛顿州西北腹地的一座破败建筑作为指挥中心，他们为了建立国中之国而筹谋。

按照阿坎人[11]的传统，他们的每一个孩子都依据出生的日子起名字——生于星期五的叫科菲，生于星期三的叫夸库。在民族之家，大智慧和文化欣欣向荣，形式包括爵士演唱、口语和关于我们荣耀历史与回归方法的定期演讲。他们办了一个学校来教育自己的子弟，十四岁就送他们去修大学学分，两年后就拿学士学位。每个人都穿着达什基花衬衫和拉帕裙[12]，戴着库非帽[13]和头巾。没有人烫头发。

然后，在杰夫·戴维斯县的腹地，在老弗吉尼亚，他们买下神圣的土地。一个世纪前，因着我们母亲的辛劳，那片土地成为神址。它是伟大的精神复兴之所。那里有一座无名的奴隶墓地，比洼地高不了多少。那里有一条路，在被骗子告发之前，光荣的加布里埃尔·普罗瑟[14]在这条路上行走，谋划伟大的奴隶起义。

一个周日，我父亲叫上我、基尔、乔维特和妈妈，坐上一辆黄棕色的旅行车，比对一张写在白纸上的指示和他的道路图。那是炎热的8月，我和基尔被送回民族之家及其基地。夏天，他们组织了一个夏令营，希望能把孩子们从魔鬼的谎言中拯救出来。爸爸驶上一条长长的公路，直到它连上了另一条公路，接着那条公路变成了街道，街道又变成了一条脏兮兮的狭窄小路。这片获得解放的土地并不令人敬畏，我看到的只是一栋大房子，旁边是旷野、山谷和森林。这里有指向标，在某种形式上也算竣工了，我们被留在了这里，带着我们的封口睡袋、驱虫剂、作为陆军剩余物资的手电筒和替换衣物。

我们不害怕，尽管我们谁也不认识。我们到得很早，在房子后面对着一个没有网的篮筐投球。整个周日，孩子们陆陆续续地到了，直到我们的人数足够玩对半出局游戏，然后是三对三。那时我已懂得篮球和篮筐是迅速拉近距离的最好办法。其他所有孩子都不是第一次来参加夏令营，但到了晚餐的时候我们已经在开彼此的玩笑，表演对口型节目讽刺战争了——战时你可没有晚餐吃。有人给你递过来一些烈酒和稀粥，你就很高兴了。

那两周，我一如既往是大家嘲弄的对象。我很高，笨手笨脚，而且还没学会跳投，我简直是一个再理想不过的靶子。但是我从未像这样和一群孩子打成一片，我们所有人都知道为什么大家会避开独立日，以及夸梅·恩克鲁玛[15]的意义。

我们所有人的名字——夸梅、朱瓦、安森特瓦——都很有异国风味，可以追溯到祖先的大陆。仿佛在这个神圣的地方，革命已经成功，世界已经如同兄弟们 1968 年预想的那样被重新建构了。我沉浸其中，感觉到坚定，还有身为集体中的普通一员的自由。

我们不能吃糖、饼干和蛋糕。早上供应燕麦粥，中午是三明治，晚上是炖豆子。周五他们给我们自由，做火鸡热狗和炸土豆片。我们要称呼所有的长辈为嬷嬷或老爹。我们每天早上都必须跑一英里，然后冲澡，参加那一天的规定活动。我们有自由活动时间，玩抛接橄榄球或三对三篮球。我们在外面宿营，在半夜轮换守夜。

我记得有一天我们坐在大房子一楼的一间很小的临时会议室里，那是电影之夜，但老爹们甚至连这都要找点意义和价值出来。我们看了《铁金刚龙虎豹》，因为吉姆·布朗的加农炮的声音和他那些种族主义敌人发出的砰砰声的对比而吃吃傻笑。第二天晚上，我们看了电影版的《坐在门口的幽灵》，那是山姆·格林利写的关于黑人革命的故事。接下来的一个小时，一个老爹引导我们讨论。这些电影看上去真实吗？我们从中了解到了白人至上主义本质的哪些方面？

然而，我们中的大多数人都被小事牵扯着心神。我和别的十四岁男孩一样，忍受着身体里正在发生的化学反应的侵蚀，只要有漂亮女孩在跟前，自己的名字、住址和其他重要信息，我统统记不得了。那里当然有漂亮女孩，她们被从东海岸各个地方送来，保持着庄严的黑人本色——长发绺、脏辫、玉米辫、自然短发，还有两三个烫坏了发型的女孩围着头巾。基尔立刻和一个女孩好上了，在接下来的夏令营时光里，他们两个随时会一同消失。在深层意义上，即使是在我新发现的天性里，我也依然是原来的那个我——笨拙，永远不合时宜，头发里藏着面包屑，T恤衫上洒着果汁污渍。因此，我对自己有清醒的认识，会去找别的办法去发泄所有不合时宜的精力。

夏令营快结束时，我们开始排练为父母准备的结业表演。

有一个节目是击鼓和舞蹈，节奏和动作都是觉醒者们从非洲西岸引进的，那时他们认为解决我们困难的途径在于和故土建立联系。那时我已经成为一名说唱歌手，因而能感觉到节拍和歌词的结合恍若一艘回归古老世界大智慧的租船。这个年代所有随处可见的焦虑与异化推动着水流。一个小时、一支笔、一本笔记本，我投入其中，物质层面消失了，世界按照我凭借强烈的想象力写出的句子重建。那些年，嘻哈文化拯救了我的生命。我和身边的人还是有些疏离，我之所以爱他们，在很大程度上是因为我知道自己别无选择。嘻哈赋予我一种通用语言，但在那个 8 月，那片被解放了的土地上，我发现了另一种言说方式的存在，那是无论什么年龄、无论兴趣为何的人身体里都有的母语。

金贝是一种鼓，由木头雕成。它的底端是一个很宽的敞口。沿着它的轮廓向上看，你会发现鼓身拦腰收拢。从鼓腰开始，它又逐渐向外展开，顶冠比底端大三倍。顶冠罩着剃了毛的山羊皮，鼓侧面的绳子收紧，使鼓声更加高亢。金贝鼓由手拍打，能够发出尖锐的击打声、低沉的叹息声和几不可闻的低音。一名金贝鼓手通常会配一名吉姆鼓手，吉姆鼓是一种用鼓槌敲击的巨大的低音鼓。

第一次见到这种组合的时候，我呆住了。有一半是实情。在我的整个童年，在我父亲卖书的地方，每次都至少有一个人打金贝鼓，一些戴头巾的嬷嬷唱斯瓦西里的祷歌《非洲欢迎你》。但我想，那一刻我的着魔跟年龄有关，因为金贝鼓悬在演奏者腿间的方式本身就很有男子气概，对于正在寻找途径表达身体里快要溢出来的改变的年轻男孩来说，这是一种特殊的召唤。有一个男孩在击鼓。在他手中，金贝鼓听起来就像是枪，假如枪是一种乐器的话。那个男孩只比我大一点，他用一条长带把鼓固定在腿间，极为随意地开始演奏。我们正在学习从曼丁舞精选出来的舞步，那是用以治疗精神错乱、庆祝丰收或者为摔跤比赛揭幕的传统舞蹈。我动弹不得。说真的，最初的原因是极度害怕——每个人都知道我的舞跳得就和我过的日子一样糟糕。但更主要的原因在于，我被那个兄弟击鼓的样子所吸引，被他的音乐是怎样自然而然地流淌出来所吸引。他似乎没做任何计划。我能找准基本节拍，但从他由此创造出的东西，能听出他感受到了更多。我被他的演奏迷住了。

吉姆鼓在打着固定的节拍，打金贝鼓的男孩跟着那个节奏，直到他有了自己的灵感，开始独奏。他会打出一连串节拍配合某几个舞步，鼓发出高亢而尖锐的声音，和着吉姆鼓的心跳。此情此景，像是观看一名伟大的说唱歌手念出无声的韵诗，用近乎拟声的唱法即兴创造新的模式和韵律。鼓声一响起，我的呼吸就变得急促。我会无意识地跳动点头，两手在无意间摆动。

而我并不是最受触动的。最后一天，我们献上了自己的演出，那是一段将我们与大地之母紧密联系在一起的生机勃勃的舞蹈和圣歌演唱。终于，我们和面露微笑、内心充满骄傲的家长们聚在一起。我母亲告诉我，我看起来改过自新了，也瘦了一些，最重要的是更自信了。我走回去和大家道别，结果发现一群孩子围着我们的舞蹈指导老师。她是一位美丽的女士，留着自然的短发，戴眼镜，是社区里一名长老的第二任妻子，按照古老的阿坎传统，和她小儿子一起过门。

她沿着一条直线来回走动，几乎是在跳动，双手叉腰，眼珠在眼窝里骨碌碌地转。她的丈夫站在她身边，解释说鼓声已经召唤来了古老的神明，其中一个已附在她身上。她现在是传神谕者，我们一个接一个地膝行着靠近她，在断断续续的话语中，我们每个人都得到一个告诫之词。这些都不是计划好的，我们的父母退到了一边。

我不明白也不记得她对我说了什么。我对自己看到的情形毫无头绪。我在一个无神论的、信奉唯一真理的环境中长大成人，身处先祖的万神庙中，一些指引是直截了当的，一些是精神上的，他们使我的生命最终成为可能。我不知道，现在也依然不知道，自己是否相信神明附体之类的事情。但是，当金贝鼓响起，我知道自己感受到狂野的喜悦之情冲刷着我，使我失去控制。一想到触碰这种力量，这直接通向故土的水流，我就感到眩晕。那个周日的夜晚，我们开车回家，穿过黑暗的弗吉尼亚，我心里想的全是金贝鼓。我的脑海里只有鼓声在敲响。

第六章
像引力一样飘浮，没有洞隙……[1]

在夜色中，老爹们把我们放在“巧克力城”哥伦比亚特区的一角，放在深冬的雨里。我们听到上面传来的声音，车辆呼啸着驶过泥浆，水花四溅。我们一共有五个人，大家的名字——易卜拉欣、昌加米拉、巴那突得、基尔——都和我的一样厚重。我是年纪最大的，默认是这队人的指挥。一周前，我们还在弗吉尼亚州那片获得解放的土地上，在那里，他们每天让我们工作，让我们去外面和年纪更大、体格更健壮的男孩打拳击。我摆出自己的战斗姿势，照着我们的自卫教练麦克老爹的样子曲肘，把力道保存好。但是，当他们把我和去年参赛的大夸库分到一组的时候，这些技巧全都烟消云散了，我胡乱出击。他揍了我整整两分钟，听起来很短，但在打斗中，这点时间足够把人打得意识混乱，或者至少把对手的所有高级脑部功能废掉。我们是在练拳击，然而我觉得我甚至连一个刺拳都没打出去过。不管怎样，结束之后，他们拿出炸鸡、烤饼和蔬菜，帮我们重整旗鼓。

现在又进入让人精神崩溃的阶段了。他们把我们五个人丢在这荒郊野外，要我们自己想办法回家。这是我们经历的最后一个私密的成年礼。我们对女孩子暗送秋波时还是会被敲打，还是要听从老爹们的指示，在班里力争上游。但世界正快速向我们敞开，而我们这一代人里没有几个做好了准备。

那是 1991 年，狂热之情在衰减，可卡因时代消失在塞满烟叶的白猫头鹰雪茄和回归的菲利斯雪茄的烟雾里。但是到了晚上，女巫仍然会出现在我的兄弟们面前，带他们走进疯狂之境。他们会在第二天早上醒来，拖着沉重的步子走进街角、活动中心和球场，宣扬他们所属教区的谋杀数字，筹划摘取谋杀之都的桂冠。

正义的第三党还在集结力量，祖母们从南北卡罗来纳州赶来，揪着男孩们的耳朵，把他们从街头拖走，拉进日渐衰落的信仰之家。叔叔们从德国和朝鲜半岛归来，依然忍不住动武，拳脚却已不再灵活。被驱逐的父亲们穿着囚服，隔着塑料挡板在对方付费的电话中苦苦哀求。在我身边，卓越的自学成才者和令人敬畏的预言家——本博士、约翰·亨里克·克拉克、阿萨·希利亚德、托尼·布劳德和马林巴·阿尼——遍寻我们的历史，搜索出路。他们找的是曾把我们团结在一起的文明的遗存，在灾变中佚失的仪式的残骸。从他们的工作成果中，民族之家的长老们发现了伟大的仪式，一系列用来给男孩们灌输战士密码的任务，这些男孩会长大成人，而过程总是太快。在各地，和民族之家的老爹们一样的人延续着这些仪式，直到如今，在一切有觉醒者的地方，你都可以看到这些古老的救赎仪式。

那六个月里的每一个周六早上，我和基尔都会去民族之家，接受针对未来会遭遇之事的训练。我们早上七点钟从自卫技能和体操练起，然后转向基础的探索工作——站在我们的立场上记述的历史，以及多贡的宇宙学[2]。之后，我们学习正确使用步枪的姿势，但是我没去碰枪。枪始终让我感觉哪里不太对劲。最后是安科比亚屋里的登基典礼，民族之家兄弟会的等级制度和仪式是从高贵的古代王国那里借鉴来的。在特维人中，安科比亚是领导者，是先锋。我是我们这一队男孩里年纪最大的，所以我成了队长。初衷是让我成为事实上的领导者，为比我年幼的兄弟们树立榜样。尽管我在理论上相信我要做的事情，但在过程中我还是会偷工减料。工作日的时候，我就不做体操了。我只能勉强记得安科比亚的誓言。这就是过去的我，虽然经历了重生，但我的一部分还停留在过去的世界里，在那里我依然是一个处于青春期的男孩，把反抗权威视为自己的使命。

我终究还是迎来了最后的考验。前一天晚上，我们这组只差临门一脚的安科比亚们待在一名指定的长老家里。基尔和我上床睡觉之前一直在玩超级任天堂，才过了几个小时，几个老爹就把我们喊醒，让我们穿衣服。我们再见到他们的时候，他们已经穿好了冬装外套，眼里没有一丝困意，手中拿着眼罩，带领我们走出屋子，坐到一辆货车的后厢里。货车每二十分钟停一次，生锈的车门会在轰隆声中打开，戴着眼罩的我们就会感到座位又挤了一些，因承担新来的男孩的额外重量而更加往下陷。在天桥下，我们被赶到街上，目不能视，在货车边胡乱挤作一团。亚奥老爹是长老里面最和善的一位，他取下了我们的眼罩，回到驾驶座，摇下车窗。

天亮之前回到民族之家。他告诉我们。

然后，他开车走了。

我们在那儿站了片刻，集合我们的队伍，在黑暗里困惑地眨巴着眼睛。我站在一片陌生的土地上，离巴尔的摩有四十分钟的路程，但特区男孩们很快把事情弄明白了。我们此时身处布莱克伯德森林，如果想在天亮前返回，必须抓紧时间行动。尽管我们做过偷懒的抵抗，但在做过数千次开合跳之后我们还是变得更健壮了，能够保持合适的配速。一路上几乎都是漆黑一片，除了抱怨和猜测老爹们怎么想出这个愚蠢的测试，以及这跟凯米特、库施或者蓬特[3]有什么关系之外，我们都不太说话。

老爹们的助手来了，他们是前一年通过了仪式的兄弟们，终于有机会把他们当时受的苦施加于我们。我们正沿着黑人特区的主干道乔治亚大道慢跑，这时我们看到了他们，在另一辆缓缓停下的小货车里。现在回想起来，我仍然为暴力何以无处不在而感到惊奇，即便在我们自己的地盘里也是如此。在他们看来，他们是在帮助我们为某种难以名状的战争做准备。现在觉醒者们都接受了非革命的观念，但他们始终秉持这样的希望和念头：当情势变化的那个时刻到来，一支做好了准备的军队是很有必要的。

助手们跳下车，扬起双手，像拳击手一样跳动起来。我们冲过去，就在街头开战，不许打脸，别的都行。我能记得的只有击打四肢、压住身体和夹头，后来年长的兄弟们大笑着开车离开了。我们重整旗鼓，继续前进。

我们回到民族之家时，旭日初升。亚奥老爹在门口迎接我们，给我们递上黑色的卫衣和欢迎加入的徽章，领我们走进去。

我能记起的只有这么多了。我已经很多年不做安科比亚，对誓词一个字都想不起来了。但是，我很尊敬他们为我做的一切，那些改造仪式的引导，以及他们怎样把我们从一个野蛮的时代中拯救出来。

我找到了我生活的锚。尽管我们经历了那一切，尽管姐妹们成为女魔、兄弟们变成浪人的野蛮故事四处流传，但每周六早上我们都会开车去民族之家，受到一整队人的欢迎，他们回忆着过去光彩壮丽的日子，回忆着奈菲尔塔利[4]、阿斯基亚[5]和阿肯那顿[6]，并指引我们将这些日子找回来。在我们肩上，他们放上了一个民族的重量，每一个认识我们的长老都相信我们是先知，相信我们会在巴托的九地狱中造就天使山[7]，我们会为这片荒漠带来太阳和海洋。

这是一味慢性药。但在那些年里，我慢慢了解到，在杜波伊斯和布克·T. 华盛顿的星系中，在谢丽尔·沃特斯和保罗·科茨的星系中，在玛基尼嬷嬷和朱尔斯老爹的星系中，我的错误从来不是一个人承受，我的荣誉也不是一个人享有。我们中那么多人变成了帮凶和唯利是图之辈，无论是伍德劳恩的资产阶级们还是旗屋的恶棍，黑人们似乎把这当成不可能发生的事情，就好像他们的生命只属于自己一样。但是，这些仪式如同一张巨网，把我和各个时代的同胞紧紧联系在一起，从巴尔的摩西区到达喀尔，从蒙道敏出发经过浪潮不止的海面，到格雷岛。

接下来的一周，安科比亚长老们带领我们回去参加一个进入成年世界的公开活动。我们裹着白衣，每人手持一支矛。我们按年龄顺序排队，被领进巧克力城坑坑洼洼的街道，我们所经之处，水泥晃动，发热，又被抚平。惊讶的社区居民变成了游行队列，其中不只有和我同行的新成年者，还有所有的安科比亚嬷嬷和老爹，还有女孩们，和我们一样，她们也举行了自己的私密仪式。在那些黑暗岁月，就连没有觉醒的人也能感受到事情在恶化，所以，他们把孩子们的每个良好表现都当作值得鼓励的正确一步。所以，角落里年长的围观者们、头上裹着围巾的母亲们，在我们静静走过时，他们微笑着鼓掌，尽管他们对于我们是谁一无所知。

安科比亚租了一间中学餐厅来举办我们的结业典礼。我们走进去，家人和朋友站在一旁大声喝彩，他们是这张巨网的骨架。有人介绍我们的名字和事迹，我们背诵誓言，高举手中的矛。但在听到金贝鼓的声音之前，我都没有完全集中注意力。它仿佛是一个与你有一面之缘的女孩，你们交换了除电话号码之外的一切信息，几周来，你为她魂牵梦萦。在最后一天，我们学习了一套神圣的舞蹈，伴着鼓声演出。但是，在那里听着它敲响，看着人们在大夸库退场时鼓掌欢呼，我有些恍惚。

许多个早晨，在我醒来的时候，脑海里响起那古老的韵律，那是我甚至无法说出名字的鼓点。我的母亲看出我在击鼓上毫无前途，但它仍然是我父母认可的活动，是那种能够进一步增强我和社区的联系的事情。我和父母待在一起的时光已接近尾声，我是爸爸那些生于不确定的时代里的孩子中的最后一个。我们的人生没有得到过仔细的规划，只有混乱的随意构想。有那么两年，他们就那样看着我出门，然后把注意力转移到梅内里克身上。他比我小八岁，最关心的是恐龙和活火山爆发的周期。

我知道时候到了。那个秋天，爸爸开车载着我们离开利贝蒂岗，驶上利贝蒂路，街灯变得稀疏。在那里，在那座草木葱茏的山丘上，房屋挤在右侧，他透露，我们的新家在坎普菲尔德路上。它令人惊讶。六间卧室，有屋顶的廊道、车库、仓库和杂乱蔓延的草坪，你必须开一辆拖拉机来，才能给这块草坪理出个形状。它和巴林顿路的那个房子相似但更好一些，是一个乡间的港湾，就在魔法森林的旁边。我本应感到安心，因为那种始于毛线帽被抢的巨大恐惧终于结束了。但是我就像查理·麦克和雷迪·C一样老派，我已经把那个和我不相容的泰奥加当成家了，我适应了那里的习惯，让它成为了我的家园，染上了我自己的色彩，所以，无论我走到哪里，如果我不是小梅尔文，那就仍然是巴尔的摩西区人。

还有政治。这么多年以来，我们都在经受苦难，就像是走散了的最后一支野战排。而现在，我们卷起自己红、黑、绿三色的旗帜，撤退。

我带着这些想法去找父亲。他坐在泰奥加的地下室里，周围是一架架书。两张钢制办公桌拼在一起，上面堆满了单据和文件。我讲述了我关心的问题，告诉他，这里有处于危急关头的理想，有饱含抗争的生活原则，这是坚定不移、决不言弃的原则。

我说的就是这些。但是，在这些话里藏着的其实也有我的骄傲——迷人而危险的蒙道敏是我的后花园。我每天都在这里坚持，而且能够在别人喊**屋里有巴尔的摩西区人吗**时举起手。也许，爸爸在我的抗议中听出来了这层意思，因为他只是边听边点头，并未回答或反驳，只是靠在椅子上，听我讲。但我说完的时候，他低下头，从老花镜上方看着我：

儿子，我这一辈子都住在我们的族人中。我从出生起就住在逼仄的房子里，我已经四十四岁了，从来没有住过大院子。

他的一番话让我脸红。我本来觉得自己的说辞一定能奏效。我现在知道，对于他的人生，我知之甚少。我从来没有遭到过驱逐，我住的屋子是古怪了些，但我没碰到兄弟同时又是我的表亲这种情况，我也从来没有跟费城北部的帮派干过架。我爸爸可以说是从一团混乱里走出来的。有些东西在他内心交战。就是这样。秋天的时候，我们搬到了北边，留给我的只是这样的疑惑：这一切——莱梅尔中学、蒙道敏和伟大的仪式——价值何在？我刚刚抛锚安定下来，就又不得不四处漂泊。

但是，我有我的鼓，一面深棕色的金贝鼓，沿口宽阔，声音饱满而深沉。一开始，我每周六乘车去巧克力城上课，然后独自练习一周。但我毫无进步。一个有天赋的人能以简单的声音为颜料，涂抹出整个宇宙。他的技艺在于，和鼓手兄弟们合奏，然后在命定的时刻开始主导，在其他人听不出感觉来的地方找到节奏。但是，当我触碰我的鼓，它发出的只有重浊而单调乏味的呻吟。我这样练习了整整六个月，坐车去特区上课，却只能带着沉闷的声响回来。放学后，我在过道里练习，迫切地想要演奏出什么独特的内容，得到的依然只是原来那种低沉混浊的声音。

巴尔的摩也有鼓声，我和桑科法舞团组队演奏。在60年代运动的全盛期，我的长辈们回头去寻找任何抓得住的原始的东西——大蕉[8]、库法或一个新名字。然后，他们看到了美丽的西非芭蕾、热情的舞蹈和鼓声。他们知道，必须把传统带到另一边去。他们组织起以斯瓦西里语命名的舞蹈队，召集起大型演出，每个人依次上前表演。这成了一种宗教信仰，就像嘻哈文化或南方的橄榄球一样。我的父母看着我投入复兴的文化中，这让他们满怀希望。

那一年我和桑科法的兄弟们一起打鼓。我的技术依然不怎么样，但是那天的活动的意义超越了个人。我们在一间教堂里，我的老朋友萨利姆的父亲去世了。我们小时候是那种很亲密的朋友，一起玩，在对方家里过夜，我们的父母会帮对方看孩子，后来出于一些他们不会告诉我们的原因，两家人慢慢疏远了。他的母亲卡比比嬷嬷是一位美丽的舞者，一手创办了桑科法舞团，我记得他的父亲很健壮。但是我最后一次在桑科法的击鼓课上看到他父亲的时候，他看上去像是被掏空了，非常瘦，这是多年来受 HIV 病毒感染折磨的结果。HIV 席卷了整个巴尔的摩。

像这个时代的许许多多父亲一样，他倒下了，另一个人接替了他的位置。考纳老爹和卡比比嬷嬷走到了一起，接手了被留下的四个孩子。当考纳老爹拿起宝剑的时候，他对我们来说就变成了一个神话中的人物，和我自己的父亲一样不同寻常，以至于我们直呼他为老爹。他承担起了父亲的责任，萨利姆是一个非常优秀的孩子，他十三岁的时候能够用鼓表达的就比那些在塞内加尔学习了一辈子的人还多。他和另一个优秀的孩子梅内斯一起带领着桑科法的鼓队，他们总是暗暗较量，看谁敲出的鼓点更胜一筹。

按理说他们做不了桑科法的首席鼓手。但每每一个更年长的人来掌控节拍，总是敲上那么几个月就淡出了。击鼓的任务最终落到了孩子们手里。在萨利姆父亲的葬礼上，我和他们一起演奏，立刻就感受到了一种实际的敲打之外的纽带。在那之后，我和他们一起演奏的次数更多了，我的手得到了净化，慢慢开始理解我们之间的联系。我们走的是同样的道路，在同样的传统下长大，痛恨猪肉和7月4日。这里和安科比亚一样，是一个我无须解释自己名字的地方。我加入了他们，加入的意思是我成了固定成员，我的双手还是笨拙得像木头一样，他们仍然把我当作同伴。

说回霍华德大学，大比尔在管理和藏匿毒品上花的时间比学习还多。他完全没有准备好。他上学时一直是被父母逼着学习的，偶尔还有几位在教学之外和他有共同兴趣的老师会帮忙。但对很多学生来说都已成为本能的学习意识在他身上毫无踪迹，现在，他已脱离爸爸的管束，起锚远航，自由地沉醉于父母曾经为他挡住的享乐主义之中。

第二学期开学前，他已经集合起了一群遵从老巴尔的摩西区的忠诚和铁拳价值观的兄弟。他身边都是些沐浴在阳光下，从折磨着那百分之九十碌碌庸才的瘟疫中脱颖而出的人。他们是第五代黑人资产阶级，是卡布里尼[9]公共住房中横空出世的奇迹，是主动放弃哈佛大学的全国优秀学者奖得主，是热切期盼自己族群能有人破茧重生的黑人移民后裔。当巨大的喇叭通报我们的陷落时，这些孩子用节拍和韵律告诉全世界，我们的抗争如史诗一般连绵不绝，我们的抗争者将永垂不朽。比尔又渐渐重新在不知不觉间趋近于觉醒者，看上去马上就要醒来了。但是大多数时候，他身陷小型冲突，身陷那些关于身份和尊重的小小战斗。

他漫无目的地打发周末夜晚。他会和自己的纽约兄弟——戴维和米奇——彻夜喝酒，一群人一起抽烟吸毒。有一天晚上，一切都快结束了，戴维给他的女友打电话，而一个男人接了电话。每个人都酒精上了头，比尔和米奇开始在他耳边说要把这个人的脑袋打爆，在一旁起哄，怂恿，直到他在挂掉电话前说：黑鬼，我这就到，等我出现时，你最好躲到世界另一头。

戴维放下了电话。他并不高大，人也不傻，如果他是一个人待着的话，这件事就会到此为止了。虽然撂下了狠话，但理智占了上风。他本来已经退缩了，但比尔和米奇在他耳边说个不停，又是“身为黑人的代表”，又是“你可不是个废物”，不停地鼓动，最后他们挤进戴维的车里，驶向他女友的寝室。

在那些日子里，霍华德广场塔楼很抢手。寝室按照公寓的风格设计，有厨房、独立洗手间和休息区。外面是一个小型广场，每到周末，霍华德大学的学生们被美好生活的气息吸引，聚在矮墙边打架，或者伺机干点坏事。比尔和他的两个朋友把车停在前面，径直穿过广场，一路上骂骂咧咧。他们对着保安晃了一下自己的学生卡，然后乘电梯上楼。当然，那个男人是一个有实力的人，正等在那里。他比他们在自负地高谈阔论时想象的更为高大。

这黑鬼堵在那儿，就像托尼·阿特拉斯[10]一样，我指的是1976年左右的托尼·阿特拉斯，肩上纹着欧米伽兄弟会[11]标志。他和欧米伽的成员交好，就是那些觉悟的恶棍和大学里的斗殴者。

戴维一看到对手的身材便退缩了，希腊字母的护身符纹刻在他的身上，这意味着帮手随时会赶来。他话锋一转，含糊其词，结结巴巴，轻声细气。比尔站在戴维身后摇头，为了他那渺小的、不为人知的家族的荣耀，决定上前一步。比尔起初尝试缓解气氛，但他们的动静已经招来了许多看热闹起哄的人，还有那晚没聚会可去或者被女孩三振出局的其他男孩。我已说过，大比尔很少会感到害怕，他不会让步，特别是在这种场合：他甚至不是和原本的敌手对抗，而是要面对某个以为这里会发生一场让周五更完美的斗殴而信步走来的孩子。

他们到外面去解决问题，但这时已经有人打过几通电话，对手人数变得更多，他们从切诺基吉普车里跳出来，摘掉身上的首饰。比尔和伙伴们在广场上受到包围，三个人对阵一大群，这时米奇冲比尔喊——哟，解决这事儿。比尔把手伸进口袋，亮出他的武器，朝天鸣枪。

整个广场上的人四散逃跑，俯身，尖叫——黑鬼开枪了。一名勇士理好披风，走上前来。

狗娘养的，你敢开枪？你什么混账东西都不敢打。

比尔把枪举起，与肩平齐。黑鬼，如果你现在不后退，我就朝你那欠揍的胸口来一枪。

大脑里的化学反应开始生效，那个孩子退到了一边。这时霍华德大学的安保人员赶到了，他不是真正的警察，但眼下的一切都是动真格的。

年轻人，把枪放下，请你把枪放下。

我才不会把这东西放下。我什么东西都不放下。

年轻人，请你把枪放下，我只说最后一遍。

就在那时，比尔恢复了一点理智，他把那把点三八口径的枪放在了地上，警察走过去掐住他的胳膊。比尔指着刚才和他对峙的那些人，他们现在都站在街对面看着。比尔喊道——那他们呢？

警察往那边看去，比尔挣脱手臂，开始逃跑。他飞速穿过在冬天结了冰的班内克田径场，摸黑跑到我的两个姐姐合住的公寓。那晚他是在地板上睡的，第二天早晨米奇和戴维带了衣服过去。那时他才知道——那个女孩根本不是戴维的女友，他只是声称自己已泡到手，以此吹嘘。

这整件事透着的愚蠢狠狠地打了比尔的脸。在黑人中，他的教育背景已抵达了不起的顶峰，却差点为了一个连认识都不认识的女孩赌上了自己的性命。这件事震撼了他。他根本无法分析。他根本不知道这对自己接下来要走的路来说意味着什么。但他知道，那些老办法，那些旧的习俗和生活方式，那些救过他、助他扛过磨难的大智慧在这里帮不到他。这里不是墨菲家园。他身处另一个世界，他面对的是另一套游戏规则。

而在家里，我正奋力通过理工学院的重重考验。这迷人城市的魔咒已消磨殆尽，在暑期课程之后，我又荒废了一年。现在回头看，我知道一定是哪里出了差错，那时我根本不能安安静静地坐着，我不能持续集中注意力超过一刻钟，在课堂上我一直盯着时钟，直到睡过去，或者把那整段时间全都花在琢磨说唱歌词上。我的大脑就像宾夕法尼亚车站一样，每半个小时就有一辆列车驶入，丢下一批新的想法和可能性，把旧的东西统统挤出去。

那时，基尔也在理工学院，沉迷于混音。年中的时候，有人撬开他的锁，偷了他的 Starter 牌突袭者队帽衫。我在走廊里追上基尔，他正摩拳擦掌。总有人要承担损失，那天晚上他集合起自己的伙伴们，我也在那里，和其他傻瓜一起大笑，怂恿基尔。

我们明目张胆地展开行动，站在33路公交车站，就在学校前面。马路对面有两个白人孩子，一个穿着红色的酋长队服，另一个穿着突袭者队的。与其说他们的白皮肤让他们很显眼，倒不如说是他们的白皮肤让他们成了巴尔的摩这片地区的少数派，因此不像是能组织起一群人发起回击的样子。我们怂恿基尔——黑鬼，你可什么都干不出来。他挑了挑眉毛，打赌吗？然后跑过了马路。

哟，我能看看这个吗？我能看看这件夹克吗？哟，这看起来像是我的。哟，你们是从哪儿弄到这个的？

然后，他朝那个穿突袭者队夹克的孩子挥拳头。那个孩子的朋友退缩了，似乎不想和这事扯上什么关系。我站在马路另一边，和其他人一起傻笑。这不过是另一种面具。那恐怖的一年在我的脑海中闪回。但我不会在这儿表现出来。最好跟着大伙的情绪走，表现得就像我自己从来没有碰到过罗德尼·金[12]那样的事情。

那年我挂了三门课，从这座魔法城市拿到了一封驱逐信。如果是在从前，爸爸就直接抽皮带了。但现在我已经快十六岁了，而他指望的是他教给我的那些东西能起作用，指望的是那些书、工作、蜜蜂和蜂蜡、安科比亚的传承、仪式、大智慧和觉醒。他在等着我最终能监管自己的那一天。但在看了成绩单之后，他只是看着我，摇了摇头。

我知道我在羞辱每一个我爱的人。他们相信我是与众不同的，是拥有无限可能的，相信当我看向一条夏日的街道，我看到的也许不是活下来所必需的东西，不是生存的本质，他们相信我看到的东西是特别的，是独一无二的。他们看着我从书里汲取关于我自己的知识，甚至了解外国的风物和地理。他们知道我会给弟弟梅内里克讲大爆炸理论。他们相信我是一个心怀好奇的男孩，但是，无论什么时候，只要有人威胁说要给这些打分，我就昏昏欲睡，兴趣尽失。

在这一点上，大比尔和我如出一辙。父母明白我们内心正经历着冲突，他们明白学校是一件武器，远胜任何格洛克枪。而这整个过程——连同等距安放的课桌、精确安排的课时和讲座时间、标准化的铅笔和测试——对我来说都是不自然的。但我再怎么痛恨自己被逼着去上的这些课，也比不上我对挂科的痛恨。所以，我心里只有一种巨大的无意识的悲伤，一种即使在我独处时也无法完全察觉的空虚感。但它是一种看不见的重量，作用于我，改变了我的笑声、姿势和接近女孩的方法。把你在你儿子那儿听到的或看到的都忘掉吧，他可能会因为家庭作业而撒谎，在老师给家里打电话的时候大笑，他可能会咒骂自己的老师，琢磨着烧掉整个公共系统，但在内心里他和我有同样的感受。我们谁也不想挂科。我们谁也不想一文不名，不合标准。

我的父母没法指望这个，但我是他们的儿子，为了我，他们必定会竭尽所能。爸爸真的不太擅长与人交涉，但我母亲可以去说。我记得那个夏天她怒火中烧，不得不削减其他开支，让我补课。但无论如何，我们还是会走下利贝蒂路，在一堂课和另一堂课之间，她会沉默片刻，然后开始引用鲍勃·马利的话：从精神奴役中解放你自己，除了你自己，谁也不能给你的意志以自由。[13]她决定奋战到底，所以我也如此照办。我的母亲恳求理工学院的教务长不要开除我，她强调我的优点，强调他们相信我很快就会成为一个比我当时的成绩所表现出来的更好的学生。我是一个幸运的孩子，在小事上总是磕磕绊绊，但是到了这种史诗级的重大事件中，形势对我有利。教务长刚刚上任，对于理工学院的改革有自己的想法，他希望理工学院能够坚守自己伟大的传统。这场改革从一个仁慈的决定开始，他挥了挥手，我的成绩单就翻篇了。

那年我回去时下定决心要提出自己的丹尼尔·霍尔式宣

言。我逃过了被开除的结局，而且尽管我做出了那些乖张的举动，但我仍然相信理工学院的名誉，我知道，在某种意义上，我在这里能收获比我的兄弟们更多的机会。我没法想象自己对此一笑了之。我计划在升到毕业班时把成绩提高到有资格进橄榄球队。我开始和一些朋友去学校的体育馆。四个学期里的第一个学期过去了，我只挂了一门课，这是我从莱梅尔中学毕业之后表现最好的一学期了。

数月前，我父亲辞去了霍华德大学的工作。就在那年，他领我去看了《街区男孩》，在我们这个时代，这是一部试金石一般的电影、全世界濒危人类的宣言。过去十年中，爸爸穿梭在他的出版社和全职工作之间，这两项工作互为补充，在穆尔兰德–斯平加恩图书馆的藏书里，他得以和大量失落的深奥知识、世纪之交的宣传册和被遗忘的神秘主义者的文章共处。但他挚爱的还是出版，有生以来第一次，他做好了准备，考虑把自己最爱的事业作为唯一的收入来源。他对我说了这个决定。如果他离开霍华德大学，我哥哥的学费依然有保障，但因为我尚未被录取，我去霍华德的免费车票就不存在了。

他让我坐下，确保我明白这个决定的后果。儿子，他说，如果我离开，你就要单打独斗了。你向来不是那种很优秀的学生。如果我离职，你就必须自己想办法考进去，而且我不知道我们能付得起多少学费。

我不知道我说的话有多少能对任何事情产生影响。即使我的成绩有所提高，我也能感到内心深处真正的我依然蠢蠢欲动。我不想让我的父亲受到束缚。那年晚些时候他离职了，开始以梦想为谋生手段。在我读书时，他更多的是一种存在，与他离得很近正是另一个提高成绩的理由。一如既往，我还是对他怕得要命。有一次我和手工课老师因为我有没有顶嘴这种小权利之类的事情结下梁子。但这点小事也足以让我在走过他身边时撞他胳膊。他大喊这是攻击。我被送到了办公室。高一时我已经因为冒犯老师被停过学，管纪律的校长布朗先生是一位备受孩子们尊敬的黑人兄弟，他说我面临强制停学的处分，并把我父亲叫到了学校。

父亲出现了，棕色的脸庞上带着那种永恒的冷酷表情，我不知道他心里在经受怎样的煎熬。但是在他想出自己的计划之前，他就被布朗先生叫到了一边。他们在我听不到的地方谈了话。回家的路上，爸爸和我说话的口气太不具威胁性了，以至于我深信这是某种语言陷阱。我那时已经人高马大——身高超过六英尺，体重一百八十磅左右，却依旧笨拙。

似乎我的大脑尚未成熟到足以掌控身体，而在我的笨拙得到控制之前，我能威胁到的已不只是桌上的果汁罐了。

儿子，你快长成一个男子汉了。你必须对自己有更清楚的认知。你不是一个品性低劣的孩子，但是因为你的体格，你做的事情会被人当成威胁。在白人身边时，你需要格外留心，你块头很大，又是个黑人青年。你要小心自己的言行举止。

接下来的三天，我都待在家里，为出版社工作，没有受到惩罚。我能感觉到我们在一起迈入最后的阶段。我的父母将其意志强加于我的能力快要到达极限，这种能力过去一直建立在身体威胁的基础上。但是爸爸相信我们所有人身上都有动物本能，他相信，到了一定的年龄，男孩会变成男人，必须被当作男人来对待，然后被推出家门。我就是在这种观念下被抚养长大的，我知道我越接近十八岁那个神圣的数字，我的父母就会越往后退，为我进入这世界的了不起的一步做准备。

我认为这是每个人长大成人的必经之路，而那些不走这条路的人根本不值一提。我没什么技能，而那项用以评判每一个孩子的唯一标准——学校表现——又总是使我受挫。但我仍然有那种在母亲的鼓励下产生的盲目信心，我根本不知道自己该怎样做到，但父母的放手对我来说就是一种爱，就是承认我将要开始我的独立生活。

他们也在改变。他们总是那么聪明，总是能把纷争隐藏起来，不让我们看见。但我还是注意到了，他们每次会分别消失个几天。我母亲会打电话回来报平安，爸爸会说她在外头散心。我对此不予置评。我没有评估他们婚姻的能力，我的朋友多半都是单亲孩子，更让我受冲击的是，有那么多的父亲在潜逃。我从自己的父亲那儿得到的印象是，人们总在相遇，他们以为自己坠入了爱河，而后一切急转直下。但我非常尊重我的父亲，即便我们频繁爆发争执，我也不认为这些争执中掺杂了其他什么感情。

我正在设法安心上学，虽然还不那么合乎标准，但已经比过去强了。我上数学课时集中注意力，尝试认真对待作业。课后我会去体育馆，绕着跑道跑步。3月份我参加了几天的春季橄榄球训练，预先体验一下毕业班生活。我的生活很有起色，而且如果那一切没有发生，我也许真的可以成功。

这些事情在事后看来总是愚蠢至极，但是在那一刻，你的所有存在似乎一瞬间汇聚在一起，摆到了台面上，你的选择变得很有限。那天我有篇论文要交，我写完但是迟交了，英语课的总成绩因此而没法计算。那件事发生在我的历史课上，是午餐前的课时。我的老师是斯托达德先生，他是那种自由派白人，会给我们看肯·伯恩斯的《内战》，用一整节课讨论罗德尼·金事件的影响。我很喜欢他，也很享受这种交流。那天上午，我们在辩论美国陆军的道德性和刚刚结束的沙漠风暴行动。大多数学生都站在国家这一边，为陆军和军事行动辩护，但我是埃德蒙森大道上的黑人，是非裔美国人，所以我独自坚持自己的观点。我不会加入任何美国军队，不会去对抗和我肤色相近的任何人。

随之而来的肯定只是些随意的插科打诨，一个孩子如果除了引人哄笑外说不出别的什么，那他就会高声发表些这样的看法。当我说出我不会为美国而战时，瘦子肖恩在教室后面喊道——

那是因为你是懦夫。

没人报以笑声，但我能感受到自己胸腔里那种熟悉的烧灼感。理工学院的人从来没有对我说过类似的话。我经受过几次考验，但我已学会如何走路，在何时微笑，还有，别说太多，而我虽然没有不良的背景，但看着也还是个明白规矩的孩子。那时我还不知道是谁说了这话，我转过身，用典型的十六岁少年的口气大喊——

谁也不能当我的面说这话。

整个教室响起一阵起哄的嘘声，斯托达德先生控制住场面，让大家冷静下来。但是课后，我的黑人朋友布雷迪告诉我挑事儿的是肖恩，这让事情更糟了。他来自福斯塔夫中学，那是城里最安稳的中学，在我那些令自己憎恨的软弱的日子里，我还动过去那里上学的念头。肖恩在我看来就是个小丑，他坐在教室后面，咧着嘴傻笑，跟夸梅一个打扮。随他去，我对布雷迪说。肖恩不会想跟我有什么过节的。

但几分钟后布雷迪回来了，煽风点火。哟，肖恩说他想见你。他说午饭的时候你可以去食堂外面的盥洗室找他。

我和另外五六个男孩走了过去，我们都因为我个人的事情而头脑发热。我们看到他站在那里，旁边是他最好的朋友狄龙。我一走近就开始大喊。

黑鬼，你想见我？有话想对我说，你这个狗娘养的？怎么着，黑鬼？怎么着？

他与其说是害怕，倒不如说是被事情的激烈程度惊吓到了。我们之前从来没有起过冲突，而此刻我破口大骂，说着无聊的傻话，鼓动冲突升级。我们都不是这样的人，挥拳相向对我们来说都不是家常便饭，只有在感到有一些珍贵的东西岌岌可危时我们才会动手。我有自己的标准，而这在我看来就是必须动手的时刻。我已痛苦地意识到，我必须直面一切，公然的羞辱如影相随，在你和黑鬼握手时作祟，阻碍你和女孩们有任何进展。起初，肖恩出于更友善的天性，张开手举了起来，做出让步。但是我已经没法回头表现出亲切的样子了，我把手指插进他的牙套里——

这就对了，因为你是个狗屁黑鬼。

——然后走了出去。

今时今日，我赶地铁时会看见那些惊慌的面孔，仅仅因为一些名誉或自尊上无关紧要的损害，一个黑人男孩倒在街头，鲜血直流。新闻主播大摇其头，社会活动家们发表愚蠢的演讲，赞颂传说中的那些日子——所有冲突都能在雷氏健身馆里平息。政客们站到话筒前，声称年轻人疯了，他们的大脑受到感染，变成了“超级掠食者”。所有说过这些蠢话的人，所有大放厥词的人，该死，就当我们不知道这是怎么回事一样。我们读过你们的藏书，看过你们保存的成绩卡——我们做了算术，做了预言。我们知道自己会怎样死去——和表亲一起杀人之后再自杀，在对你们来说只存在于理论上的战争中阵亡，在医院里疗养，然后慢慢因绞痛和胆固醇而窒息。我们活在最底层，而我们和野兽之间的区别，我们和本地动物园之间的区别，只有尊重，那种对你们来说根本无所谓的尊重。我们知道自己是什么，知道当我们走在路上时看起来就像是对这个世界毫无渴望，我们也知道，这个世界从来不渴望我们。

我坐在午餐桌边，说着肖恩什么都算不上之类的话。这时他跑了出来。我的脑子一片空白。鬼知道我们离开后他的那个朋友在盥洗室里跟他说了什么，用了什么样的故事和嘲讽来激怒他，让他失去理智。但是他知道，自己身上的一些东西被窃取了，而始作俑者不是本地的混混，而是一个他认识的、尚且无法主宰自己的孩子。后来他们告诉我，他尖叫着跑出来，将垃圾桶高举过头顶，砸下时发出了巨大的声响，整个食堂的人都转过了身，而我倒在白色的长凳上，一言不发。他丢掉垃圾桶，像香豌豆惠特克[14]一样把手举到头上开始跳舞。他进入了一个幻想世界，在那里，他的荣誉得到恢复，而我的被拿走，加到了他的荣誉中。我站起来时他转了过来，看着我像绿巨人一样变身，从后面抓住他，把他甩到白色的桌面上，然后爬了上去。

这时我才回过神来，我感到的不是疼痛，而是一种病态的力量。我想把这个孩子弄到装假肢的病房里去，把他的整排牙套变成外科医生的操作对象。我把他按在桌子上，挥着双拳揍他。基尔的一个前女友在右边喊——塔那西斯！塔那西斯！住手！但我仿佛在时空旅行中回到了莱梅尔中学的日子，回想起了所有因为不懂规矩而受的苦。过往的一切再度涌上心头，尽管我头脑还算清醒，但狂怒吞噬了我，我的双手不听使唤地挥舞。

我被两个更负责任的朋友拉开，他们比那些只会嚷嚷和起哄的人强多了。我摸了摸自己的脸颊，看到指间的红色。

哟，他拿什么打的我？他朝我扔了什么？果汁瓶？

不是的，兄弟，他用一个垃圾桶砸了你。

我要杀了这个黑鬼。

我朝着他的方向跑回去，但他们拽住了我，带我去办公室。我一团糟。副校长和秘书们倒吸一口凉气，有人叫了救护车，我的朋友们被批准早退，他们的衣服上到处都是血，爸爸在医院见到了我。

他几乎表现出我们在那所房子里度过的全部时光中我能记起的最安慰人的样子，也就是问我是否还好，并且在回家的路上没有多说什么。但我不需要安慰。有生以来，我第一次真正有了这种我希望自己几年前就能有的感受：有人想从我身上夺走什么，他试图把我推到一个比我现在的身份更低的地位去，而我没有让他得逞。

第二天我回到学校，脑袋上贴着纱布，但没有人嘲笑或奚落我。他们说我就像个棕色的炸弹，他们从来没有见过一个黑人疯成那样，最棒的是，肖恩，而不是我，被学校开除了。我庆祝了一整个星期，高一的女孩们向我走来，脸红得冒热气，直到我翻找背包之前，我都是世界之王。我的英语课论文不见了。我在暴乱中弄丢了它。

那一年我试着扭转乾坤，但以前的事纷纷来找我算旧账。我过去几年犯的错误统统累积到了我对老师的两次袭击中，累积到在食堂的打斗里，累积到我挂掉的英文课上，我被永久驱逐。这次我父母求不了情了。我父亲坐在客厅里那张灰色的组合沙发上，我便明白，一切都完了。他甚至没有发火。他只是面无表情地坐在那里，讲了一段话，我只记住了其中一句——

塔那西斯，你是科茨家的耻辱。

这很伤人。不是因为在我父亲之前，科茨家的大多数人都是酒鬼和父母双亡的孩子，而是因为我父亲是个超人，他是为了找比尔能踏遍墨菲家园的男人，是要应付四个女人生的七个孩子的爵士乐发烧友，而且他尽己所能支撑了下来。而我让他彻底失望了。比这更糟的是，我也令自己如此失望。无论那些职业演说家怎么跟你说，我从来没有见过哪个黑人男孩渴望挂科和失败。

至于爸爸，他当然永远比我能看到的更为复杂。他没有超人披风，他也有自己的问题要去解决。我是逐渐明白这一点的。

几个月前，我看到他和乔维特坐在她那辆褐红色的通用土星车里，就在办公室外面。那是一个冬夜，我从学校回家。我走近他们，他们和我打招呼，既不紧张也不惊慌。但我了解我的父亲，从他们坐在车里的方式，我感觉得到，那个晚上有什么事发生了，没人告诉我。

第七章
竹节耳环，至少两对[1]

你也许注意到了，我对女孩的描述都很简略，而且大都是失败的经历。我这儿有份漫画式的目录。

第一页：1985 年 6 月初，我坐在栅栏上，那是我少年时代走向落幕的最后几年。我在等布兰达·尼尔，我知道她回家必定会经过这里。她不久后就要去福斯塔夫中学了，或者去某所神秘的寄宿学校，那里有马匹和击剑队。当然，她的皮肤是棕褐色的，人非常可爱，她的眼睛宛如最美的行星。但我印象最深的是这世界如何停下脚步，以她为中心，她怎样放松地说话和走路，似乎有着巨大不确定性的整个五年级都只是她的个人芭蕾舞剧。她笑起来的时候有轻微的破音，我内心的某些东西也随之破碎，要花上好几天才能复原。她会在桌子上敲她的二号铅笔，抬起头四处张望着寻找答案，即便是这种无声的表情，也会让我心跳不已。那时我明白了那些该死的恐龙是怎样灭绝的，因为即使是在这里，在布恩小姐这间平凡无奇的教室里，也会发生地震和洪水。

我在冷泉路和卡拉威路的栅栏边，与我第一次看到枪的那间 7–11 只隔一个街区，对街就是那些拦路抢劫的沃巴什人拿走我的黑色毛线帽的地方，我坐在那里，等着最后一次机会。我不记得我说了些什么，但她的回应是走过我身边，笑了笑，说了些善意的话，因为她不是那种会对你大声嚷嚷的类型，她已经拒绝了所有黑人女孩与生俱来的权利——那极具诱惑的恶意和还嘴。我知道的是，我没有说那些应该说的话，那些在我的每根肋骨下隐隐作痛的情感，我看着她走开，只说了“再见”和“祝好运”。

我天生在这些事上就不太行。大比尔能让她们大喊着“上啊，威廉！”然后为所欲为，爸爸有那么多女友，在这些事情上他的直接证据就是雷神托尔一般有力的手臂。但是我走错了出口，捡起了一本用法语写的指导手册，因为实际上我最大的不幸是，我根本搞不明白这些事。珍妮弗会在走廊上撞我，拉我的衬衫，打我的肩膀，在我翘椅子时拉我的椅子，用食指戳我的脸，过了一个小时又笑着来问我在看什么。但是我从来没明白她的意思。

第七页：我在七年级的更衣柜前，那地狱般的一年过去了一半。忒洋达在我耳边低语，塔那西斯，我喜欢你。我转过身，她跑开了，片刻后回头，透过她的眼镜严肃地说：是真的。我意乱情迷，但我还是得拨开云雾，给出一个明确的回应。一个“很高兴见到你”的咧嘴笑很有帮助，此外我不太确定下一步应该做些什么。我可以送她回家，但是忒洋达住在朗伍德附近，在那里有很多退伍军人，口袋里揣着战锤和长剑。我寸步难行，所以，那个星期结束的时候，忒洋达伸出右手打在我脸上，咬牙切齿地说：塔那西斯，我不喜欢你了。

我早应该知道的——我们所有人都是残次品，我错过的都是这样的事情：我最大的冒险是突然到来又明确无误的——朝着头砸过来的添柏岚靴子，以“好极了”结束的对话，一个在找事情打发夜班的警察。但是另一方面，陷阱深不见底。这是一个中学和托儿所没什么两样的时代，HIV 像空气一样无处不在。黑鬼，在伍德劳恩那年，我待过的每个班上都有个姑娘怀上了孕或当上了妈。傻瓜们还有勇气在超速汽车的副驾驶座（永远是副驾驶座）上喊，你的屁股真漂亮！还有勇气悄悄贴近你，问你为什么永远都不笑。谁知道这个家伙冰冷的淡褐色瞳孔后面藏着什么呢？有大智慧的女孩们无需眼神接触就能击倒一个黑鬼，因为她们知道，每一个微笑、每一个使人着迷的动作都会威胁她们的安全，给我们以仅仅用来满足一己私利的武器。所以她们让自己成为堡垒，命令你们在她们只是想想放下吊桥的事情之前就缴械投降。她们能失去的实在太多了。

第十二页：那是 1992 年，我在实践从伍德劳恩学会的本领——在健康课上睡觉，把头放在叠起的手臂上，叠起的手臂放在桌子上，旁边是爸爸最新的印刷成果，不用说，它不是课上用得到的教材。艾伯妮·凯利走过，手里拿着一沓纸，她敲了敲桌子，直到我从朦胧睡意中醒过来。那时我是被理工学院赶出来的学生，从那座水晶之城被流放，甚至遭到巴尔的摩西区公立学校代表的拒绝。这是怎样一首业力的诗篇——我用了那么多年和大智慧搏斗，最后只能成为一个在县立学校上学的男孩。我令父母蒙羞，被这一切的严酷搞得筋疲力尽，而他们只是简单地松开手，退开。

做你想做的事，孩子。爸爸有一天在车里告诉我。但是，到这个学年末，你就要离开我的房子了。你可以去参军，我不在乎。但是，明年你不能再住在这儿了。

爸爸和妈妈相信十七岁是成年的实习期，他们相信在这个阶段，孩子们就会成为他们自己。我在毕业班，头一次没人检查作业，没人问我有没有学习，或者要求学校提供进度报告。我的平均绩点是1.8。想上大学，得付出一系列非凡的努力：我得从发明时间旅行开始。但我幸而对标准化考试有些理解，因此我的SAT成绩至少在巴尔的摩还算不错。而且我在理工学院读的高级班使我在伍德劳恩着陆得更顺利了，下午我有三堂课——健康、西班牙语初级和应用数学。我用能睡多久就睡多久展示了自己的尊重，在突击测试中都拿了B。教室又拥挤又密闭，老师最不想看到的就是让我变成一个麻烦。他们默许我睡我的下午觉，我让他们腾出精力去对付不消停的孩子们。

但没有人告诉艾伯妮这个安排。她坐在教室前面，能答出所有问题，头一个被挑中，去管理班级。她敲着我的桌子，直到我抬头看她，她对我说了很多空洞的套话。然后她拿起了摆在我手旁的那本薄薄的书。

你在读什么?

《戴维·沃克的呼吁》，是一个奴隶制时期的黑人写的，他预言了很多他们在20世纪60年代说的东西。当然，他们杀了他。

她在那里站了片刻，又问了些关于这本书的其他事情，然后谈了她对马尔科姆回忆录的印象，又无忧无虑地笑了。这是我第一次注意到她。

我来到伍德劳恩的时候，根本不知道接下来会发生什么，一半的我看到自己走上了那些我母亲称为“但凡我带了枪”的黑人的命运，他们站在自家的街角，他们的头脑本来很清楚，喷涌出改变人生时刻的童话和围绕着它的冲突。但他们最终还是成了失败者，故事结构总是相同的——但凡我带了枪，那个黑鬼就不会瞎说话；或者，但凡我带了枪，那个婊子就会让我见见孩子们。

这是失败者的生物分类学，是那些浪费了心智的兄弟们的生物分类学。沦落到失败男人的垃圾堆里的可能性悬在我头顶，甚至给我最原始的冲动笼上了阴影。

但她是黑人，像她的名字一样美丽，而且虽然这不正确，但这让她对我来说更特别。几年前我让母亲很尴尬，我们和她的一个女友一起坐在客厅里，然后那个可以预见的让我痛恨的时刻就降临了。为什么女人总是对年轻男孩萌芽中的爱情故事这么感兴趣呢？

女友：塔那西斯，你喜欢什么样的女孩？

塔那西斯：我喜欢肤色浅的女孩。

她们必定倒吸一口气。但我太年轻了，肯定忽略了这一点。因为我对接下来发生的事的印象就是结束对话后和母亲一起坐在车里，她看着我，车没有发动。她的目光像电钻一样锐利，尽管她自己皮肤偏黄，但她深爱着更广大的非洲。

小伙子，你以后不许再说这样的话。你可以把你的小眼睛放在随便什么你喜欢的人身上，为了随便什么你想要的东西。但是你要记住，这些黑人小姑娘是别人的女儿，别人的姐妹——你的姐妹，在未来的某一天会成为别人的母亲，当这一切发生的时候，白人不会花时间去分别。你得注意自己，小伙子。

我没有立刻听明白，甚至一开始有点生气，但是随着一周又一周、一个月又一个月过去，直到羞耻之情涌上来，我才明白。所以现在我知道了，“作为一个黑皮肤的女孩，你很漂亮了”是一种也许艾伯妮早就需要抵挡的仇恨犯罪。我们谈论阅读和政治，直到老师让她坐下，全程她都在微笑和傻笑，离开卡拉威后，我头一次被一个既有大智慧又自由的人击中了灵魂。

之后的几天，我在走廊里注视着她。我在这里和谁都不熟，在这所县立学校里不太说话——我都不想跟这些乡巴佬扯上关系。我以自己的虚构故事为生。他们是斯奈普，我是基尔·罗伯·G。[2]我来自巴尔的摩西区，而他们只是假扮这个角色。但是，这些穿着裹裙、背心裙和阔脚牛仔裤的女孩又新奇又性感。她是其中的女主人，在一群美丽女孩中也很突出，那些女孩每个月都要去做头发，周中还要补色。她的头发裹了起来，或者拢在后面编一个法国髻，点缀着蓝色闪光饰物，或在前额留着卷曲的刘海。她们就像是要去参加时装秀一样打扮自己，分发自己的笑容和笑声，仿佛是在分发一盒精致的巧克力，一颗都不能剩。她们所有人都如此，除了艾伯妮。她总是在笑。

而且，她是觉醒者。她是文化促进俱乐部的主席，这是一个黑人学生联合会，但是鉴于伍德劳恩有百分之三十的人不是黑人，没有人这么叫它。我去参加会议，大部分时候还是待在后面，偶尔站出来插几句话，提一些小建议。我们就这样变得亲密起来，健康课后或者放学后，在公共图书馆交谈。我以自己一贯的拙劣方式处理这事。借口请教家庭作业悄悄接近她——当然，我不需要帮助。我只是想要单独见她，我们单独在一起时，她的所有笑容都只属于我。

在舞蹈室，我的金贝鼓之声在逐渐成型。

那一年，所有成年鼓手都离开了，我们紧紧团结在一起。

课后，我会带着我的金贝鼓去车库练习，直到我那重浊的鼓声变得纯净。那不是早晨鸟儿的清脆唱段，但总归比过去那种低沉的呻吟要清亮。而且那一年我渐渐有了进步，到了最后，我能完成独奏，能引领楼下班级里的舞者。

我从中获得的炽热感受只能用宗教来解释。我陷于失败和父母突然的抛弃之中，打鼓就像是一次通灵体验，一种非常嘹亮的通灵体验——鼓、歌曲和舞蹈将我们赶进狂热之中。上古神明的涌流在我们身体里翻滚，你能听到我们咆哮吼叫，完全进入状态后，我们就是在一个彼此联结的整体中表演——

所有人演奏自己的部分，用我们各自的声音，但我们是一体的。

晚上我会再进一步，在我父母家的地下室里浸泡山羊皮，剃毛。我会把它放在三个圆环之间，然后把成品紧紧粘在一个木制金贝鼓外壳上。用登山绳把最高的环系到鼓身一个小一些的环上，然后放一天让它晾干。第二天晚上再用棍子和老虎钳拉伸那条绳子，直到羊皮在鼓上绷紧，摸起来就像木头的表面一样，当你叩响它，被束缚的幽魂在大西洋底发出哀嚎与恸哭。

此前我从来没有做过这样的事情。起初这一切显得非常不可思议，但是现在我已经受洗，通过了考验，那些我曾经为之感到惊奇的击鼓独奏现在看来就像是三岁的孩子在拍打水桶。更何况还有金贝鼓本身，我制作它们并不是为了听从长辈命令，也不是受谁威胁，而是完全出于我自己与生俱来的向往。这是向开阔视野迈出的巨大一步。我们的长者正在全国范围内与侵蚀我们头脑、挤压我们世界的暗影斗争。我们以为街角很酷，但比这更重要的是，我们深信自己做不了什么更好的事情，我们相信在这罪恶的世界里，这小小的一片土地是我们配得上拥有的全部。

在莱梅尔中学，我孤立无助。身为黑人男性意味着时刻处于战斗状态，逃去县里也救不了我们，因为即使在那里，我们也被假想为暴力的使者，是时刻寻找下一个目标的黑暗阴影。我们陷落的老城区的灾祸折磨着我，重塑着我。他们拿走我的翅膀，递给我一把利剑。我在那里丢失了太多的自我。我的梦想坍缩成活下去，只想着尊严与尊重。但在我的金贝鼓中，我找到了艺术和我失去的想象力，现在，从笨拙的双手到使鼓歌唱——那儿还有什么？这一切究竟已经发展到了哪里？

那一年，霍华德大学给我寄来了一封信。凯莉已经毕业了，克丽丝还在读书，比尔也在坚持。我早已放弃，而且尽管我现在觉得自己也许真的有所改变，我还是认为霍华德大学遥不可及。但是古老的寺庙遭到损毁，综合班的孩子们正拼命获得白人的肯定。我的 PSAT[3] 成绩足够引起校方注意，但这显然没法拓展到我平时的分数上。他们邀请我们一家人共进晚餐，同桌的还有一群其他有潜力的黑人。我走进一间满是圆桌和同父母坐在一起的黑人孩子们的大宴会厅。他们准备了三道菜，还有演说家们的老生常谈，为霍华德的伟大尊严背书。校长最后站了起来，他说的话是唯一真正让我难以忘怀的。他演讲的主题是霍华德大学在牙医、建筑乃至教育领域的全面成就，他告诉我们：你走到这世界的任何一个角落，都能找到我们中的一员。

结束后，我父母在车里问我怎么想。我感觉还不错。但看起来不是这样。事实上我是在说假话，我觉得我的高中三年过得太糟糕了，根本不可能有人会考虑录取我。所以我用漠不关心来自我掩饰。爸爸勃然大怒——

孩子，这是个机会，而你能拿出的最好的表现就是坐在那里嘟囔着耸肩膀？

我应该因为大比尔而鼓起勇气，他都借此找到了进入霍华德大学的办法。当然，他现在是独自一人了，他不再到爸爸这里报到，但是爸爸教的东西、说的话现在在他身上起到了更大的作用。他刚到霍华德大学时带着应对失败的天真念头。只有弱者才能在班里茁壮成长，他们有着糟糕的跳投、杂牌的击球、无力的手臂。这是他的自我防御，因为他确信自己做不到。他现在身无分文，挂科，处在被送回家的边缘，却直面了现实。这里有和他处境一样的兄弟、街头的游侠骑士，他们对着同样的规则宣誓，但他们都已经在改变。现在他又能用什么来自我防御呢？

抛开别的不谈，他仍然不觉得学业有何价值。但是他热爱生活、聚会、一起享用烟草、受限的独立自主以及在他目之所及之处女孩们的身体曲线。他可以回家去，重操旧业。他可以在当地干活，午餐时间和下班后都背着一个空荡荡的书包，为非作歹。但在内心里他不是半途而废之徒，既然他要去读书，那就要坚持到底。是时候有所作为了。

这种转变并不容易，他从没养成每晚坐上几个小时埋首读书的习惯。但他开始去上课，并且发现自己很喜欢方法论，喜欢唇枪舌战的辩论。他不再参加那么多聚会，和老朋友断了来往，掌握了突击复习的伟大技艺。渐渐地，这一切的作用汇集在一起，在他付出努力的第一个学期末，他看到了只要努力就能获得的成就：C+ 的绩点。

爸爸欣喜若狂，他第一次冒出这样的想法：自己所有的付出也许不会付诸东流。

我在高中毕业那年的 11 月参加了最后一次 SAT 考试，我印象最深的是，这意味着我能离开乔维特和我妈妈开的预备班了。基尔也从理工学院离开了，开始和新朋友们在巴林顿附近游荡。这里不再是我记忆中的那座岛，因为哪怕是伟大的云巨人[4]都无法管好这座腐烂的城市。基尔冲进巴林顿的陷落，而我不确定自己想要什么，也不确定怎样才能实现，基尔贴近了自己的欲望。他渴望一场大终局，抄近路就能到达的那种，于是他投身毒品交易。

我们就此分道扬镳。我那时已经形成了自己的价值观，对自己的伦理观和信仰坚信不疑，我坚信毒品对我们所有人做的事情就是，用它钢铁般冷白的巨爪把我们城市的眼睛挖出来。在学校里，我和艾伯妮擦肩而过时装作没看见。我们几乎每晚都会聊上几个小时，谈那些年轻人认为决定世界命运的东西。放学后，我们在图书馆或者街对面的地铁站商店里一起闲逛。我收集她的人生故事，她是怎么一开始生活在泽西，毒品又是怎么俘虏了她的双亲。她搬到县里来，和她的一个教母同住，上了一所远离一切城市问题的高中。当然，那时伍德劳恩也在陷落。十年的时间，附近的商场就从盖璞、游乐中心和赫克特百货变成了支票兑换点、快餐店和大码服装店。

表面上，艾伯妮坚不可摧，非常镇定。在一次辩论中，她质疑了我父亲的革命资历——让他证明一个黑豹党成员做出搬到郊区这种选择的合理性。他当时四十六岁，开始对我弟弟梅内里克采取放养姿态。他现在不太说教了，正进入自己家长生涯的末期。我母亲周末有时会出去，爸爸负责做饭，洗碟子，带我们去电影院。他进屋时，我们正在学习，他戴着老花镜，低低地架在鼻梁上。他低头看了看坐在桌边的我们，拉开一把椅子坐下。艾伯妮立刻笑了，开始拷问他一边谈论黑人，一边离开我们中地位最低者这种行为的道德性。他们的辩论出色又激烈，爸爸的逻辑一如既往地不可战胜。但这也没能阻止艾伯妮坚持自己的主张，她认为我宣称自己是西区人比欺诈好不到哪里去。

在这一切之下，我看到了她的伤痕，那种会令男人冲进着火的房子的东西。这就是我要保护的女孩。她的所有心魔都藏了起来，但是我能感受到它们从内部延展开，激活了我基因中某些不可改变的东西。我成绩的增长与我花在她身边的时间成正比，我还参与了课外活动，我在一个黑人觉醒会议上为学校做了加维演讲，成了同龄人的顾问。他们会把我从教室里拉出来，让我参加研究如何解决冲突的讨论会。

我的动机不纯，和我的兄弟们一样：这一切都与艾伯妮有关。她是那些孩子中的一个。第六节课后，她在走廊找到我，她一整天都不在，穿着一件看起来是为了去教堂而买的裙子。她刚刚凭借成绩，凭借非同寻常的努力或者某种类似的超常发挥获得了荣誉。她总是非同凡响，超出人们的预期。她给了我一个信封，嘱咐我放学前不要打开。

那天我得去蒙道敏买些东西，没怎么在意自己随意塞进背包里的东西。我下了地铁之后打开信封，那是她参加的仪式的一张节目单，旁边写着情话，但我意识不到它是情书。它的用词是那种既想让你知道她的感受，同时又想保持矜持的女孩所使用的含糊其词、态度暧昧的风格。我不知道自己手里拿着的是什么，又出于自尊没去弄明白它的意思。那晚我和她聊了天，感谢了她，但我没有像自己本应该做的那样更进一步。我没法从那些防护罩之下，那些她用作铠甲的欢声笑语之下看到，在那闪亮的斧头之后，我们所有人都在等待着被洪流冲走。

我母亲的SAT班扩招了，桑科法的孩子们加入进来。周日早上我走下楼去，会在出门前朝他们做鬼脸。我正从窗里向外探望着成年生活、独立人生。没人唠叨我的成绩，没人检查我的房间。我的父母出城了，把现已九岁的梅内里克留给我照看。我带他去参加他的少年联盟橄榄球赛。那是一个了不起的时期，我人生中头一次摆脱了父母的牢牢掌控。但你还是不能削弱我母亲的期盼。她仍然把大学概况带给我看，爸爸带我去市民中心参加黑人大学的校史导览。我想象着自己在陶格鲁学院、田纳西州立大学、迪拉德大学或约翰逊·C.史密斯大学读书的样子，这些地方的人有不同的生活方式，也许还有不同的标准，能录取我这种一团糟的人。

在学校里，我引起了老师和顾问的注意，他们试图让我去读先修课程[5]。我礼貌地谢绝了，没必要毁掉我中学的最后一年。除了我自己之外，还有一些人设法在我的人生道路上放置了路标。十二年级的英文老师埃夫隆女士看了我写的文章和短篇故事，她是除了我母亲之外第一个让我知道自己可能在这方面有天分的人。我的指导顾问赫林先生很快就喜欢上了我，并把我之前的成绩单和三年的愚笨表现抛之脑后。申请启动后，他给我写了一份在我看来比我所得的一切都更珍贵的推荐信。我在自己身上看到的是给父亲的姓氏抹黑。但赫林先生是一个黑人，和我父亲一样是个觉醒者，他迫切地想要为战斗输送队伍。

那年冬天，我申请了四所学校，都在本地，我希望永远都不要和我的鼓手搭档们说再见。最短的申请是提交给霍华德大学的，就像一个赌局，一颗朝着黑暗抛掷过去的鹅卵石。然后，我回到了毕业班最后悠闲的半年。就是那年，我青少年时光里的唯一一年，我脱离了嘻哈音乐。老一代的大神陨落了。EPMD 乐队分裂了。查克·D 和弗拉维已经尽可能地把我们带到了最远的地方，而新的声音已被死亡崇拜劫持。上个星期还在大喊着马尔科姆的弟兄们摇身一变成了说唱黑帮，杀死他们视野所及的每一个黑鬼。我感觉到他们渴望站在世界的角落里，想让你看到他们就魂飞魄散。但是，我站在了成年的大门口，他们没法吓退我。他们在那些最不重要的地方强硬——攻击所有性别，自称主宰街道，然后在猛兽醒来的时候逃跑。

那时大比尔往家里带回了其他礼物——鲍勃[6]、钢脉[7]和燃刺[8]。他会把自己的朋友叫到家里来，父母那周不在，他们在屋里大声播放《搭公车到巴比伦》[9]。他们都是新的觉醒者，都抛弃了自己的奴隶名姓，从祖鲁语和斯瓦西里语中另选称呼。鲍勃·马利已经去世十年了，但他现在以我们民族的伟大吟游诗人的身份出现在我们身边。后来，我发现那些兄弟会的人毁了他，一如他们毁掉身边的一切。但在那时，他就是先知。那年我不知道自己要走向何方，但是我知道我被抵押给了那宏大的理想：精神奴役的终结，书本中所写的实践。

毕业季最后几个月十分闲适，只上半天课，有的课时空了出来，我被摩根州立大学录取了，它寄来了一份宿舍房间分配单，闪着光泽的包装歌唱着我崭新的独立生活。那是我的第三份录取通知书，都是本地的学校，这也都是我在这三个学期中把绩点从 1.8 磨到了可敬的 2.4 的结果。

在那些被录取的时刻，我若不是一个终于懂事了的男孩，还能是什么呢？那些年里，父母敲打着我，希望我有所成就。我的母亲告诉我，我很聪明，不过，如果我这么懒下去，那么我将一事无成。我的父亲能把整个周末投入家务中，大比尔会打一下我的胳膊，警告我说外面是一个失控的、与安全永久说再见的世界。我母亲曾经说过我会一飞冲天，但我看不出自己怎么能做到。而现在，每个月我回家的时候都能在邮箱里找到一个厚厚的包裹，上面写着我的名字。我的生活并未因此而圆满，却也觉得自己配得上母亲的表扬。

我没参加毕业典礼。我和父亲一样反感仪式，况且我在伍德劳恩也只待了一年。到伍德劳恩的时候我就没考虑过在高中毕业舞会上跟谁跳舞的事儿，这一年只不过一次倒霉的公差——没有时间谈恋爱。但是之后出现的这个叫艾伯妮的女孩和这整件事中愚蠢的冲动遮蔽了我的逻辑，让我看不清现实。而且一如往常，我错过了那些复杂的信号、提示和头部虚晃假动作，错过了那些我没有看到的表情。等我弄明白这些，为时已晚，她已经和另一个男孩在一起了。伙计，听着，他和克里斯托弗·威廉斯一样，是那种只交往浅色皮肤女孩的漂亮小伙子，直到他听了麦克·G[10]，信了那套越黑越迷人的鬼话，然后就转向了另一个极端。当然，我还没有陷入太深，但是当我看到他们一起穿过走廊的时候，那感觉如此怪异，就像看到在《两小无猜》中，温妮和科克·麦克雷[11]走在了一起。

在那之后，我不再给她打电话。这又有什么关系呢——我正走在自己的路上，踏出这世界，走进下一个自我。我的母亲需要证据，她怀疑会有另一个十二年级的副本，以阴谋告终。她了解自己的孩子，在某种程度上无法相信我的冒险故事已结束。直到我从校长室把毕业证书带回家，打开硬壳证书夹，放在她手中，她也依然难以相信。她看见证书时只是微微一笑，没有给我热情的拥抱，也没有说什么振奋人心的话。她只是很高兴看到这一切终于结束了。

我隐约感觉到，有件非同寻常的事即将发生。爸爸在他那辆棕色的本田雅阁里伏击了我，那是我们的第三辆车，因为妈妈撞坏了之前的两辆。我们那时正从新办公室开车回家，爸爸拐进沃巴什，开向一个小商场，停在凯马特超市前。除了父亲的角色之外，爸爸不欠我什么，他也一直这样认为。我父亲从未因某一刻的教养方式而道歉。在那个停车场里，他也没有道歉，只是用一种不太确定的口吻说道：

儿子，我有了新的感情。我和乔维特在一起了。我和你母亲认为应该让你知道。我非常爱乔维特和你的母亲。我们都认为应该让你知道。

他问我有没有什么问题，我感觉如何，我有什么要说的。和父亲在一起的时候，我从来没有生过气，我也没有对他生过气。恐惧笼罩了每一个词。但这是一个无人防守的投篮，我本可以大喊大叫，下车，甩上门。我本可以离家出走一周，告诉他我恨他，就像我在电影里看到的白人孩子那样。这是他铠甲的裂缝，那个一直以来都只是传说而现在终于得到证实的瑕疵。就算是一位大将也会栽跟头，尽管必须得说，在他自己眼中并非如此。但我什么都没做，什么也没说，只是点了点头，听他说话，直到时间到了，我们驱车离开。

第八章
戴上你的套，喝几口啤酒[1]

在我小时候，我的父亲就是我的大英雄，是我对信仰的全部了解。他的话语是薄煎饼和麦片之间的区别，《极速赛车手》和庭院劳动之间的区别。每一次去粮仓餐厅都是史诗般的旅行。我们会跳下车，我尝试和着他的节拍关上车门，就像侦探剧中人物认真起来的样子。他是我心目中的英雄，因为我是个孩子，因为我的世界观还没能扩展到淘金者[2]、九号线或者沃伦·姆恩[3]的新秀卡之外的地方。爸爸第一次打我的时候我六岁，因为我的一年级老师打电话到家里来了。在那些日子里，所有的孩子都很害怕挨揍。但是那条折起来放在我父母床上的黑色皮带尤其恐怖，这对我来说是最清楚的例证：为父即为独裁，其臣民受制于残暴的上帝。

到我去莱梅尔中学的时候，我对爸爸的评价取决于那年我是怎样起床，我在地下室里工作了多少个小时。有那么一些日子，我希望他消失，这样我就能自由地和其他嘻嘻哈哈、无人看管的孩子们一起享受无所事事的时光。但还有一些日子，我环顾四周，看到我们身处其中的是怎样一个反常的年代。尽管像一座要塞那样得到守护是每个孩子与生俱来的权利，但所有的守卫都从自己的岗位擅离职守，然而我的守卫还在这里，手按在剑上，盔甲在月光下闪闪发亮。现在他坐在自己的车里，坐在我对面，显露自己的真实面目，显示出一个让我的所有小缺点都显得很初级的复杂人性。

在他自己看来，他行为正当，依然遵从黑豹党关于自由、无拘无束之爱的旧观念。他对我说这些话的时候，与其说是感到羞耻，倒不如说是因为要向一个孩子袒露心声而挣扎。爸爸固执地认为，世界应该是他心目中的样子，他的理想光芒万丈，这光芒甚至让他看不清楚他所爱的人。我们家因此承受的损失是无以言表的，我们拒绝过圣诞节、感恩节和美国独立纪念日，我们被裹在一件巨大的独行斗篷里，即使是最平常的举动——拒绝宣誓效忠，升旗时坐在原处默不作声——都将我们向抵抗并疏离外部世界的路上推得更远。他并不承认这一真相，因为替代性的真相会是他做得都对。他不会屈从于这发展迟缓的世界的意愿，也不会允许我们屈从。我确定其他同龄的孩子都在玩着万圣节面具，吃着汉堡和加冰激凌的派，在圣诞节礼物的湖泊中仰泳，而我却在一堆堆的豆腐和书本里沉思。即使在我觉醒之后，我也觉得自己的时间曾被剥夺，我被隔离在一系列美好的童年活动之外。在我父亲的房子里，价值观念将我们从人群中拖走。爸爸称之为启蒙，但我只感受到了孤独。

我的母亲和她曾经了解的世界脱节了，对娘家的日常价值观冷眼相待。即使没有我父亲，她也会成为一个持异议者，聚会时在角落里说俏皮话。但是爸爸连缓和关系这样的事都不会去做。随着他加诸家人的每一个新启示——不吃肉，不过感恩节——她都和自己的娘家人愈行愈远。有一次我们开车去哥伦比亚，和我母亲那边的舅舅、阿姨、表亲拍全家福。我的外祖母站在后面，她是一个骄傲的女家长，从吉尔摩的公共住房区一路打拼出来。摄影师很合群，是一个白人。他迟到了。我能感受到，爸爸硬挤出来的微笑有着锋利的边缘。

后来，所有人一起去吃晚餐，所有人，除了我们。我有几个表亲移居德国，好几年没见过面了，但我只能爬进车里，在后座上生闷气，在黑漆漆的高速路上往车窗外看。我们此时正在回家的路上，爸爸因为摄影师迟到的事闷闷不乐。他忽然开口——

儿子，你知道巴尔的摩有多少黑人摄影师在挣扎求生吗？为什么我要一路开车到哥伦比亚来照顾另一个人的生意？对不起，儿子。他们一晚上从我这儿挣的钱够多了。

他的逻辑打断了我的怒火，那种感觉让我好几周都为之眩晕。但我仍然只希望他别这样想问题，哪怕只有那一个晚上。

我母亲就是这样与一切隔绝开的，与她自己的过去、她的家庭、她对当下的选择。每一个英勇的主意都将我们带到更远的地方。就连我们的名字，我的母亲都得跟外界解释一通——现在又来了这个——缺钱的男人，连同他的女人的疯狂祝福。她陷于羞耻之中，一想到要解释这个，要微笑着走到外面那个世界去占据道德高地，她就不堪重负。

她知道这是太多女人要面对的现实，但是她甚至不能假装看不见。她感到难堪，即使这件事没有公开，也很难让她好受一点。你必须知道，我的母亲严厉得可怕，她会像街头斗殴一样打孩子，然后训练我们做长除法[4]。但是妈妈属于她的时代，属于黑人女性的这一庞大类别，这类女性为了弥补孩子们没有父亲的缺憾，在这种事再发生之前就会停止生育。

她还要忍受其他许多事情，就为了让她的孩子们身边有父亲相伴，而这对于这个偷窃之国里的其他人来说就像天要下雨一样自然而然。当我们这个民族的人走进起居室的时候，从来没有音乐奏响。你不会在断断续续的有年头的家庭录影中看到他们，在夏天的树下和恋人相拥，大笑，在镜头靠近的时候举手遮挡。他们不去烟熏雾缭的爵士乐酒吧，不会预订晚餐或者沿着港口散步。他们几乎不记纪念日。至于那时的我，有一些事实我母亲从我开口说话那天就开始给我灌输——人们就是那样，把他们的契约封印起来的是托词、阴谋和背弃。我父亲结束他的婚姻契约，在他那辆棕色的本田雅阁里解释这个新家庭成员的加入，这不过是我们匪夷所思的生活里匪夷所思的另一件事而已。我就是这么长大成人的。这不出我所料。

我从来没有和基尔谈过这件事，尽管他们说他也得到了通知。我看到他和我父亲的相处方式一如往常——爸爸会给他讲《超越奴役》中的寓言故事，基尔对爸爸那种70年代的语调学得更像了。那时基尔已经选择了闪闪发光的道路，我始终觉得他拥有那些重要的东西——临危不乱的性格，新款尤因鞋，冠军牌连帽衫，自信又有派头。但他渴望疯狂，渴望恣意的快节奏生活。和所有男孩一样，我感受到了这种魅惑。我不会靠着买彩票过活，我要去做一场漫长而神圣的苦工。我觉得基尔在父亲死亡的阴影下忍受着折磨，即使在今天我也不确定我爸爸有没有帮到他，缓解这份痛苦。在那最后一个夏天到来的时候，我们留下的脚印在阳光下变得坚硬。

但我不久后就将挣脱这一切，感受即将到来的十八岁的自由。我是高中三年级的学生，拥有一个分配好的宿舍。前方，一切都将大为不同。

那一整年，我都在努力把鼓打得更好，早早去上课，教更小的孩子们，修补我自己的金贝鼓上的缝线，调整松紧度。我买了第三面鼓，上面装饰有非洲大陆的雕刻，涂着棕色染料和闪亮的聚氨酯。到了3月，我的呼吸中甚至都有金贝鼓的节奏，所有事都围着我的下一次排练、击鼓课和表演转。同时，桑科法正在准备我们一年中最盛大的一次音乐会：春季演奏会。

春季演奏会永远都是盛事——我们穿着不同的表演套装，在头上系着头巾，或者戴上像莫西干头一样插着草管的皮头盔。舞者和鼓手跨越各个年龄段，从五岁到七十五岁都有。这一年格外隆重，因为需求量大增，以至于我们在两个晚上安排了两场音乐会。在去年的春季演奏会上，我对表演毫无经验，当他们在击鼓表演环节叫我出去独奏时，我能做的只是挪动到舞台中央，稍稍向前弯腰，勉强奏出了一些获得观众的礼貌性掌声但并未穿透时空的声音。现在我的双手已焕然一新，因为我在过道上练习，在地下室刮干净山羊皮，纯粹而严格地进行重复性训练。

春季演奏会安排在我的驾照考试培训课那周，虽然我如此热爱击鼓，但开车也是我梦想已久的，无法为了桑科法排练而牺牲掉。这个梦想形成于初中时代。有一天我站在加里森路等 91 路车，看见了大比尔的老伙计安东尼。安东尼是我哥哥的高中小团体里的说唱歌手，他们的歌词很下流。他是那种古怪又安静的孩子，远远地坐在角落里，点着头，一抓过话筒，就变成了凯恩·马可[5]。无论何时，每当我碰到他，我都能听见他那标志性的对句——“早上他们就能读到这条消息，在送来的报纸里/人们发现另一个不知所谓的说唱歌手死在了河里。”

安东尼的父母给他买了一辆带棕色可伸缩顶棚的荧光绿的吉普车，他后来把车给撞了。他让我搭顺风车的时候，我被这辆车迷住了，我的注意力集中在车内系统如何开关顶棚上，这让我们有一搭没一搭的寒暄比平时更加没有半点实质内容。这辆车让他不受限制，他可以一路开到欧德克劳，永不回头。从那时起，在我的标志性梦想里，我顺着加里森路一路远行，放着马克斯·普里斯特和沙巴的歌，不受出发点的束缚，直到我引起真正的斯宾德瑞拉 DJ、Isis 乐队或 Terrible T 乐队的注意，她的网球裙在配套的长袜上方飘动，在经典的全白款式或粉色空军一号耐克鞋上方飘动。

为了驾照考试培训课，我错过了那周几乎所有的击鼓排练，这让我心碎，让我在教室后面哀伤，我的教练为了先行通过权，与马路边缘、停车标志、消防栓之间的正确距离，该看警察的手势还是红灯这些问题而大发雷霆。我只是把自己的手放在大腿上，以时刻准备着的姿势，向后靠在我的木椅上，我仿佛穿越了五百年的时光，我仿佛站在曼萨·穆萨[6]的宫廷之上，戴着库非帽，披着黑色长袍。我的金贝鼓挂在肩上，当马利的狮子点头的时候，我的双手燃烧，呼声横穿萨赫勒[7]。教练会调暗灯光，放几部关于驾驶安全的影片。但是我会对着自己的膝盖想象着扮演主角，想象着踢腿跳过黑暗的舞者，他们宛如了不起的黑人弗拉门戈舞者。

那一周我感觉自己束手旁观，手无寸铁。我不去想艾伯妮、英俊男孩或毕业舞会。我不去想摩根大学有一间房舍等着我入住的宿舍，或者妈妈如何游说霍华德大学录取我。在教室后面，我划动手指，仿佛在画地图。以前，在泰奥加，他们嘲笑我，说我的手像是一个魅力过人的金发碧眼美女的手。但现在我的手掌是喜马拉雅山脉。长着老茧的皮肤护卫着我的关节。我现在更结实了。我可以为舞蹈、兰巴演奏几个小时的传统节拍，只有我、一名主演，再加一面吉姆鼓。我可以坐在我父亲的地下室里，组装好绳子、山羊皮和木头，猛地拉紧，直到魂灵说出我的名字。

周五，我们的最后一天，他们组织了驾照考试，这考试简单至极，就连课上一直在白日做梦的我都成功过关了。妈妈接上我，直奔伊格街上的演播室。黄灯的时候，我催她继续开——走啊，走啊，走啊。她大笑起来，冲我挤眼——孩子，你会搞出车祸来的。她在门前把我放下，我一步跨好几级台阶冲上楼梯，现在我能听见鼓声咆哮，年轻的姐妹们唱着她们并不懂的曲调。但懂不懂从来都不要紧。重点在于，超越理解本身，去触摸我们自己，触摸我们失去的东西，在历史的长筒靴踩在我们身上时。

鼓声太响亮了，以至于当我走进演播室的时候，嬷嬷们和老爹们一如既往地冲我微笑致意，而我只能在一片喧闹中看到他们的嘴在动。兄弟们在练习曼迪阿尼的序曲，听上去如同风暴之前云层缓缓聚拢。年轻的演奏家萨利姆在打我的鼓，通常来说这不算什么，但我那时处于一种完全为鼓着魔的状态中，它刚刚换上一块崭新的米白皮肤，很酷，上面只有几个黑色的斑点。他看到了我，起身给我腾位，让我指挥。我坐下来，立即为之痴狂。我像滚雪球一样滚得比其他东西都高，像参加追逐赛的战马一样提速。

到姐妹们单独表演时，我身上的红色桑科法 T 恤已经被汗水浸透。我站着，我的金贝鼓用长长的白色背带挂在腰上。她们列好队形，随着节奏在木质的舞蹈地板上跺脚。她们像法老一样展开双手，等着我用停顿来依次召唤她们。但我先来了一通炫技，因为桑科法让我明白，在内心深处，我热爱人群，在爸爸多年的孤立主义教育之后，我与人们怎么相处都不够。我多希望我还能记得舞者出列的顺序，想来是依照年龄大小。现在我脑海中只有一些模糊的印象——密迦的姿势，我弓身拍击鼓面；爱莉士芭的手在空中挥舞，仿佛在收割，她长长的辫子梳在脑后，如蛇形王冠般散落。我知道梅内斯去了别处，萨利姆给我们收尾，然后我们大笑着击拳致意。

那一整个夏天，我感觉自己状态极佳。这不仅仅是因为一年一度的音乐会——还有全国非裔美国人会议、“艺景”艺术节、社区中心不定期举办的活动、清真寺婚礼，我们都受邀携鼓去参加。敲响金贝鼓的时候，人们不再正襟危坐。姐妹们在走道上跳舞，其他地方的嬷嬷们跳上舞台。身着紧身牛仔裤的丰满女人会一跃而起，有力又优美地舞动。十几岁的舞者会在得到暗示前冲出去，基比比嬷嬷根本拦不住。当我上台独奏的时候，会看到家人的面孔——大比尔，他鼓掌，挥拳，往舞台前面那堆钱里放进几张钞票。有时我会向远处看，寻找我的父亲，他闭目点头，任由鼓声倾泻全身。

我本可以永远保持这个状态，在巴尔的摩各个角落敲着鼓进进出出。我不知道这样会通向何处，但是我本会睡在暖风出风口上，穿着破旧的衣服和工装裤，在查尔斯街摇晃我的杯子，在教堂的地下室吃饭，如果我只是顺其自然的话。我的天赋不是很高，我知道自己会永远只是个帮工，一个给别人的辉煌演出做陪衬的表演者。但我热爱打鼓，劲头十足，我对此并不在乎。

那个夏天我让艾伯妮去桑科法参加课程。她试着跳舞，我取笑她，因为她几乎无法系住披巾，也赶不上拍子。她只是笑笑，戳戳我的手臂。后来，我们走下码头，去电影院，又去汉堡王，争论《街区男孩》《威胁》。我们仍然是正值青春的少年，所以总是在电话里最亲密。有一天深夜我向她道歉，告诉她我本应该牵住她的手，我本应该对所见所感更坚定不移。但我们都已尽力了。在那个年纪，那种深深的吸引力，那些威胁着你的开放未来的事物可能会让你战栗，可能会劫持你的时间，但更强有力的是泛滥的恐慌，那种当她仅仅只是向你走来时你体会到的裸露感。

大约在6月的时候，热浪席卷，随之而来的还有关于我真正的未来的愿景。我在黎明时分醒来，看到我的母亲在屋后，朝着南方的霍华德大学祈祷，然后研磨兔骨，收集草药，低吟咒语。即使我被开除、打架、无所事事，她依然没有丧失我能去往霍华德大学的信心。我不能理解的是，她相信那是我应得的，相信无论我在高中做了什么，我也仍然拥有见识霍华德大学的权利，去找到我在伟大的黑人大都会中的位置。我的父母有两副面孔，对着我的时候，他们冷酷无情。他们宣讲堕落儿童之书——戒律一：儿童永远不会领情。满十八岁，便车就会停下，我被丢弃于混乱的世界之中。但在他们的私人时间里，他们是温柔的，臣服于爱。他们批判自己的教养方式，绞尽脑汁、想方设法去帮助自己的孩子取得进步和成功。

她仍然在特区工作，每周她都会不打招呼地出现在招生办，查询申请进度。那年6月，霍华德大学发来消息说想要看我的最终成绩，要我再交一封推荐信。妈妈感觉阻碍变小了，便继续发动攻势：晨祷，定期上门拜访，报上爸爸的名字以及另外三个当时有的已经毕业有的还在读的孩子的名字。

厚厚的邮件砸了进来，如同盲区的左截锋。当时我正在享受人生中的那个夏天，到了那天，我走上坎普菲尔德山，把鼓装在袋子里，用带子捆好背在背上，我正查看邮件，然后就看见这个又大又沉的信封，我把它翻过来，注意到上面盖有霍华德大学的印章。看在加布里埃尔·普罗瑟的鬼魂的份儿上，我想。就是它了。我在走进前门之前就把它撕开了，甚至无须打开录取信。他们不会为了拒绝你而给你寄手册和传单的。妈妈到家后，我给她看了邮件，她笑了，是那种开怀大笑，这是她所有姐妹标志性的笑法。要是她欣喜若狂，她还会跳起来挥舞拳头。无论如何，这是她表达认可的方式。在我以前的整个人生中，我除了阻碍自己的出路之外，还做成了什么呢？

在我最初觉醒的时候，霍华德大学看起来是合适的，是能将我领进艾尔–哈吉·夏巴兹[8]的精神队列中的唯一地方。但是，随着一个个失败的年份流逝，我逐渐看低了自己，一度到了甚至不觉得会有大学愿意录取我的地步。没错，霍华德大学距离我只有一个小时的路程，巧克力城也有鼓手。但我在这里感受到的联结超越了音乐：这是一个封闭的社区，一个紧密的生活圈，即便在我外出多日后，它也会在我身体里回响。我那时就知道我永远不会再像这样爱上什么了，没有什么那样健康，同时能让人感到那样诱人、丰富和完满。

我对我的父母说，我要去摩根州立大学读书。他们坐在我父亲的办公室里，我的母亲谈了一通机会和责任。爸爸靠坐在椅子上，面带标志性的冷漠表情，静听我和妈妈争论。最后，他手扶膝盖说道：儿子，这是你的选择。你长大了。你可以自己拿主意。

我走出办公室，面露傻笑。我至今也想不明白，那时我怎么会觉得自己获胜了，怎么会认为自己能够赢过母亲。我实现了大逆转，但还没到配得上拿奖学金的程度，我的父母仍然需要给我付学费。我是迅速增加的那群孩子中的一员，我们的家庭为了给我们提供财务支持想了很多办法，但这些努力对缴纳那战争军费一般的学费来说还远远不够。

我们又谈了两次。第一次，爸爸继续谈了关于选择的谜题。儿子，这仍然是你的选择。但你母亲是我的女人，而且，儿子，她很有力量。我想她是对的，但你长大了，你可以为自己做决定。我正在试着让你明白这一点。但你的母亲，儿子，你的母亲有力量。

我想去摩根州立大学。我告诉他。

好的，儿子。

但是，到了下一周，他又反悔了。我们又到了他的办公室里，我的母亲脸上挂着那种“你知道这是什么意思”的浅笑。这次对话很简短。

爸爸：塔那西斯，你不能去读十三年级。

就这样，事情解决了。又一次，我被从家中放逐出去，前往霍华德。

或者说，这是我所看到的。事实上，我离十八岁只有几个月了，我可以做我想做的事情。我为要离开巴尔的摩而气恼，父母的愿望就成了一个便利的借口。那时，我还不知道，这就是生活：你刚弄明白一个世界的几何结构，它便悄然溜走，忽然之间，你的身边再次布满了陌生的形状、不可思议的角度。

但是，我从塑造我的世界及其所有陷阱中挺了过来。在泰奥加，老朋友们的情况传到我耳边。他们的命运烂俗到令人恼火。就连那些头脑更清楚的人都坠入了阴影，成为一些学者手中冰冷的统计数据，那些学者观察我们的街道，拉起自己的窗户。我仍然披着疑虑的斗篷行走。我会在一个早晨醒来，然后一切就像是这样——是时候起而革命了！或者也可以裹着破旧衣服，睡在暖风出风口上，永久地退入我从童年起就在试图召唤的幻想世界中。

我把最后一周花在结束这一切上。我和我的桑科法兄弟们演奏了终曲。我们因为鼓点不够紧张激烈而争执。我们说这不是结束，说我不过是去一趟周末的通勤地铁就能到的地方。但我已经感觉到了距离。我郑重其事地与艾伯妮告别——在电话中。我带一个十几岁的舞者去看了一场抒情爵士。我在理工学院认识的另一个女孩在我离别的前一晚来看我。天气预报员预告说会有流星雨，但会被重重阴云遮住，当我们抬头去看的时候，我们能看到天空闪闪发亮，就像闪烁着没有雷声的暴风雨中的闪电。她肯定给了我一个礼物。我们在我房间的后阳台聊了一个小时左右，然后她起身给了我一个拥抱，坐上一辆蓝色小货车离开。

第二天早晨，我把箱子和行李箱搬到前门。乔维特和我的父母坐在餐厅的桌边。桌子上摆着乔维特准备的各种礼物：整套的螺丝刀、灭火器、手电筒、几包避孕套。不发表一通演说，爸爸是绝对不会把东西装上车的，但我完全不记得他说了什么。我心情矛盾：有摆脱父亲掌控的狂喜，有即将失去兄弟们的悲伤。

我们出发，驶下坎普菲尔德山，上利贝蒂路，到环城高速公路，沿95号公路，抵达新世界。我们在乔治亚大道边看到了大比尔，他坐在霍华德广场塔楼前的矮墙上，他曾经在那里开火，举枪射向夜空。现在那儿就是我的家了。他和两个朋友坐在一起，戴着渔夫帽，穿着卡其色短裤、白T恤、添柏岚靴子。他从来没有看起来那么安逸自在过。我们停车的时候，他正坐着聊天，样子散漫，透着巴尔的摩绝不允许的那种闲适。那种保护了他，也许还在墨菲家园那段日子救了他的曾经的愤怒已经消失不见，留下的只有我父亲、我的民族想要的一切。他成了一个真正的男人。

当我在霍华德大学朝圣时，我的父母并没有开一瓶有年份的葡萄酒，也没有休假。我不是最后一个孩子，却是那危险的一群孩子中的最后一个，我是那七年里的第六个孩子，生于欲望、狂乱的变量和飘荡于风中的不定未来之中。现在，在近二十年中的第一次，有了反思的空间。既然伟大的劳作已经告终，既然他们已为孩子们将那个可卡因时代挡在门外，那么，现在他们的身份是什么？

我的小弟弟梅内里克还在家里。但是空气和水已经不一样了。他有《世嘉创世纪》[9]，他进了福斯塔夫中学。他唯一的恶习是看《新机动战记》[10]。他不是一个漫游者或叛乱者，他很沉稳，拥有那种我一直想要拥有的日常审美趣味。他大部分时候都很安静，周末会和我父亲一起去看外国电影。他几乎不记得泰奥加，而坎普菲尔德，我在莱梅尔中学的时候祈盼的那种西方乐土阿瓦隆，是他长大成人的地方。

对他来说，对所有人来说，旧规则正在消逝。我离开前的一个月，桑科法在伍德劳恩的一个小公园组织了野餐，庆祝独立日。那是我父亲的生日，但我们从未庆祝过那个日子。老爹们和嬷嬷们拿出土豆沙拉、烤火鸡汉堡和素热狗。就在那个夏天，超级酒鬼水枪非常风靡，我不曾拥有过那么好的水枪，因为在我们那个年代，有太多孩子堕落，那种玩具就成了受奴役的八十五年的象征。那一整个下午都在爆发“枪战”。有些傻瓜在背上捆了两个水箱，四处扫射，似乎手里拿的是喷火枪。我抓来别的什么人的双管霰弹枪投入战斗。在交叉火力中，整个野餐都回荡着大笑，变得湿淋淋的，我看到我的弟弟，个子小小的，赤裸上身，抓着一把顶上装了荧光橙色水箱的儿童水枪。梅内里克跑过一束束的水，直到自己不再受到阻碍。这时他举起那把枪，对准一个我已不记得的目标，微笑，射击。

致　谢

首先要感谢我一生的挚爱肯雅塔·马修斯，没有她，这本书不可能完成，没有别的方式能够表达这一点。我要感谢我的母亲（妈妈，你只能排第二，因为这本书是献给你的），以前，每当我遇到麻烦，她就让我写文章，解释清楚我究竟做了什么，又为什么这样做。这本书因她而开始，显然，我对她的感激无以言表。向我的外祖母安娜·沃特斯致意，向我的阿姨艾娃和乔安致意，向我的表亲杰夫、凯文和乔乔致意。

我要高喊出父亲的名字保罗·科茨，以示敬意，在我十三岁的时候，他给了我格雷格·泰特的《脱脂牛奶中的飞行员》

一书。我那时根本不知道格雷格在说什么鬼东西，但我知道，在这世界的某个地方，有些人一生的工作就是去把玩语言，揭秘查克·D的遣词用字。我知道这些就足够了。为了那最初的火花，向格雷格·泰特致意。

向我的哥哥达马尼致意，是他引领我接触嘻哈和诗歌，为本书最初的构想种下了种子。向我的哥哥约翰致意，他在过去几个月里资助我完成了这本书。向马利克致意，是他指导我玩《坚守边境》《抵抗巨人》《琥珀城堡》。那些日子的记忆我依然珍藏在心中，贯穿本书。向我的姐姐克丽丝和凯莉致意，感谢她们一直以来的鼓励。向梅内里克致意，恭喜他，他真的从霍华德大学成功毕业了，在这方面他比我做得好。向以下各位致意——泰伊、纳穆迪、克里斯蒂安、萨莫里、克里斯托弗、奥朗德和马利。爱你们所有人。

向所有无论何时曾在《华盛顿城市报》工作的人致意，这是一家改变了我人生的机构。感谢戴维·卡尔，是他雇我给一些普通校报写专栏。感谢布拉德福·麦基，他是我共事过的编辑中最优秀的一位。感谢我在那里认识的好朋友们：阿曼达·雷普利、迈克尔·谢弗、斯蒂芬妮·曼斯莫（指引我度过了在《华盛顿月刊》的困难时期）、艾瑞克·温普尔、卡洛琳·谢维特、肖恩·达利、约翰·克劳德、杰森·谢吉斯、艾米·奥斯汀。如果我遗漏了谁，请原谅，我上年纪了。爱你们每个人。那是我人生中最好的一段时光。

感谢我的代理人格洛丽亚·卢米斯。感谢瓦尔特·莫斯利提供这个机会。感谢我的编辑克里斯托弗·杰克逊，在他的呵护下，这个想法从午餐时的闲聊变成了一本真正的书。感谢施皮格尔与格劳出版社的每个人——米亚·斯堡尔特、梅根·沃克、露西·斯拉格、辛迪·施皮格尔和朱莉·格劳。感谢冒着很大风险给我提供机会的每位编辑。感谢比尔·萨博里托、南森·索恩伯格和丽萨·库伦，如果没有他们，我在《时代周刊》待的时间可能会更短。感谢保罗·塔夫和伊莲娜·西尔弗曼，他们都给了我极好的机会。

向杰拉尼·科布、乔尔·迪亚斯–波特、布莱恩·吉尔摩、娜塔莉·霍普金森、肯尼斯·卡罗尔和布里吉特·沃伦致意，你们每个人都在我受教育的过程中提供了帮助。向我的铁哥们本·塔尔顿致意，他永远怀有信念，还有他的妻子亚娜·尼尔森，她仍然是我最喜欢的辩论对手。向我的好朋友尼尔·杜拉明、道尼·沃尔顿和里卡多·古铁雷斯致意，他们听我唠叨这本书太久了。向布兰登·科厄纳和艾亚勒·普雷斯致意，他们可能是我至今还没有丢掉笔记本电脑去读烹饪学校的两个最重要的原因。向科尔比·鲍尔森和GS致意。我会在战场与你们所有人重逢，以这种或那种方式。

译　注

第一章

1 塔克狗头人，《龙与地下城》中的角色。

2 范·海伦，范·海伦乐队 1974 年成立于加利福尼亚州，曾是 20 世纪 70 年代中后期到 80 年代末世界上最受欢迎的摇滚乐队。吉他手艾迪·范·海伦的头发浓密而狂野。

3 骆驼式固定，一种摔跤动作，坐在对手背上固定住对手的下颚，向后拉对手的上半身。

4 鲍勃·贝克隆，美国职业摔跤手。

5 自由鸟组合，美国职业摔跤三人组，1979 年首次登台。

6 大力神赫尔南德斯，美国职业摔跤手。

7 艾龙·西耶克，伊朗职业摔跤手。

8 美国梦，美国职业摔跤手。

9 KRS，嘻哈歌手，通常被称为“KRS-One”，本名劳伦斯·派克，1965年生于纽约。

10 乌干达巨人卡马拉，美国职业摔跤手。

11 闪电小子，《少年正义联盟》中的角色。

12 《龙枪》，由美国作家玛格莉特·魏丝和崔西·西克曼合著的奇幻小说，作为《龙与地下城》战役背景设定。

13 蛾摩拉，《圣经》中的罪恶之城，萨维亚诺创作的同名小说描写了真实的帮派斗争。

14 20世纪80年代末，美国说唱音乐界发生了一场关于说唱音乐发源地的争论，以KRS-One为首的一派认为发源地在纽约南布朗克斯区，以MC Shan为首的一派则坚称是纽约长岛的奎因斯桥。双方以音乐为武器，用一首首歌反驳对方，捍卫自己。这场音乐之战持续到90年代末，以KRS-One胜出而告终。

15 斯利克·里克，嘻哈歌手，他总是戴着粗大的金链子和独眼眼罩。

16 颅相学，一种认为人的心理与特质能够根据头颅形状确定的心理学假说，由德国解剖学家弗朗兹·约瑟夫·加尔于1796年提出，目前已被证伪。

17 皮纳特·金，全名莫里斯·“皮纳特”·金，是20世纪七八十年代巴尔的摩臭名昭著的大毒枭。

18 布克·T. 华盛顿，美国政治家、教育家和作家。

19 林明美，日本动漫《超时空要塞》及其美国改编版《太空堡垒》的女主角，她在一场战争中不幸与家人走失，在第一次星际大战中她用自己的歌声感化了敌人，取得了家乡保卫战的胜利。2012 年随人类历史上第一次超长距离移民舰队出航，离开了地球。2016 年，该舰队在银河中心附近失去联络。

20 迷惑龙（apatosaurus），原文为“apatosaurs”，疑为拼写错误。迷惑龙是梁龙科下的一个属，生活于约一亿五千万年前的侏罗纪。它们是陆地上存在的最大型生物之一，其化石发现于美国。

21 愚人金，其实是铜，表面看上去很像金，在淘金热时代，旧金山经常有人挖到铜矿而当成金矿。

22 人类电影精华，前美国篮球职业运动员多米尼克·威尔金斯的绰号，其扣篮动作颇花哨，故得此名。流畅王，前美国篮球职业运动员萨姆·帕金斯的绰号。

23 菲尔·柯林斯，英国歌手，迪士尼动画电影《泰山》主题曲演唱人。

24 奥芙拉·哈扎，以色列的也门裔女歌手、演员。

第二章

1 静谧风暴，一种音乐风格，融合了 R&B、爵士和流行音乐，节奏舒缓。

2《兔宝宝》，又称《兔八哥》，其系列卡通形象由好莱坞动画大师查克·琼斯创造。

3 哈莉特·塔布曼，美国黑人废奴主义运动家。

4 瑟古德·马歇尔，第一位担任美国最高法院大法官的非裔美国人。

5 埃赫那顿，古埃及第十八王朝法老。

6 祖鲁人，亦称“阿马祖鲁人”，是南非的主体民族。

7 原文为 LT。

8 伦·拜亚斯，美国职业篮球运动员，在 1986 年的美国男子职业篮球联赛选秀大会中被凯尔特人队以第二顺位选中，两天后死于可卡因中毒。

9 达瑞尔·道金斯，篮球运动员，第一位直接进入美国男子职业篮球联赛的高中生球员，曾经两次扣碎篮板。

10 琴·格雷，漫威电影《X 战警》中的超级英雄，他的超能力是心灵感应。

11 约翰·亨利，美国民间传说中的黑人英雄。

第三章

1 约翰·韦恩，美国演员，荧幕形象朴实敦厚、刚毅不屈，成为美国精神的代表。

2《战争之王》，鲍勃·迪伦于 1962 年冬创作的歌曲，表达了对核武器的抗议。

3 帕特·布恩，美国歌唱家、演员，富有朝气，声音温柔，受到那些对摇滚乐和 20 世纪 50 年代其他现象感到忧虑的人的追捧。

4《黑孩子》，理查德·赖特的自传体小说，又名《美国饥饿》。

5 无人微笑，美国嘻哈歌手康芒第十张专辑的名字。康芒来自芝加哥，那里暴力盛行，犯罪率居高不下，于是康芒提出“无人微笑”这一概念，它意味着一种时刻保持警戒、时刻准备行动的心理状态与社会环境。

6 V8，一种壮阳药。

7 梅加·埃弗斯，美国民权运动家，在回家的路上遭到持种族歧视观念的白人杀害。

8 厄尔·韦弗，著名的棒球经理。

9 此处应指 20 世纪五六十年代，三 K 党在南方发动的一系列针对黑人的暴力恐怖事件。

10 镰状细胞贫血是一种严重危害孕妇和胎儿健康的疾病。

11 “权力归花儿”，诞生于 20 世纪 60 年代末至 70 年代初的反文化运动，主张以和平方式反对战争，源于反越战运动。在游行示威中，抗议者常将花儿插进警察的枪口中。

12 安吉拉·戴维斯，美国政治活动家、学者和作家，在民权运动中与黑豹党关系颇深。

13 白幽灵，美国动画片《特种部队》中的角色，是恐怖组织“眼镜蛇”中的一名忍者，多次改换门庭。酋长是另一个角色，他是出身于印第安部落的特种士兵，与白幽灵直接较量。

14 达什基，美国、非洲西部和加勒比等地的黑人常穿的短袖套衫，颜色鲜艳花哨，图案很有民族特色。

15 宽扎节，1966 年创立的非裔美国人节日，源自非洲的传统收获节。从12月26日开始持续七天，每天点燃一支蜡烛，象征非裔美国人的七大原则：团结、自决、共同生活、合作经济、目的、创造和信念。

16 内特·拉夫，非裔美国牛仔，曾为奴隶，他在自传中所写的宣言使他成为西部最著名的黑人英雄。

17 唐娜·里德，美国白人女演员，她最经典的角色之一是中产家庭妇女。

18 帕姆·格里尔，美国黑人女演员、动作明星，出演了一系列狱中女性角色和黑人电影。

19 卡拉图、灰鹰和克莱恩均为《龙与地下城》中的幻想世界。

20 帕特里夏·普林，美国人，她创立了一个组织，认为《龙与地下城》这种角色扮演游戏鼓励了恶魔崇拜和自杀。

21 雷斯林，《龙枪》系列小说中的角色，通过了位于威莱斯的大法师之塔进行的测试。

22 《死之舞》，圣桑1875年所作的交响诗，用木琴、竖琴和小提琴等乐器描绘墓地中跳舞的骷髅。

23 Eazy-E，美国黑人说唱歌手。

24 Roland TR-808是最早的可编程鼓机之一。

25 丛林兄弟，美国说唱组合，1988年出道。Q-Tip，美国说唱歌手。

26 违法者，美国著名音乐厂牌，专注于说唱音乐，上文提到的Q-Tip就是该厂牌旗下歌手。

27 强岛，即长岛。

28 碎拍，起源于20世纪80年代初的美国，制作人将浩室音乐有规则的鼓点声用破碎化的手法表现出来，碎拍的曲子常有切分拍，更有韵律感。

第四章

1 碎拍音乐的常见手法包括采样（sampling）、暂停（breaks）和间断（cuts）。

2 不可思议的豪华表演（Grand Incredible），由多个乐队的成员组成的临时项目，成员包括伊桑·洛克。

3 人民公敌，来自纽约长岛的嘻哈乐队，在黑人社区中受到广泛关注。不仅被认为是最成功的嘻哈团体，同时也是最成功的嘻哈艺术家。在《滚石》杂志“历史上最伟大的艺术家”评选中获得了嘻哈艺术家中的最高排名。

4《她看零号台？！》，人民公敌创作的一首歌，讲述了男主人公对女友沉迷电视、肥皂剧和男演员的抱怨，有一段“她看，她看，她看”的歌词，重复了三十二次以作强调。

5 布尔·康纳，美国政治家，他强烈反对20世纪60年代的民权运动。

6《无断的反叛》（*Rebel Without a Pause*），人民公敌1987年发行的一首歌曲，是音乐人的自述。歌名翻译参照电影《无因的反叛》（*Rebel Without a Cause*）。

7 切西马德，即阿萨塔·沙克尔，前黑豹党员，后加入黑人解放军，1977 年因被控一级谋杀入狱，1979 年越狱逃亡古巴，受到政治庇护。

8 弗雷德·阿斯泰尔，美国电影演员、舞者、舞台剧演员、编剧和歌手。

9 莱昂纳尔·里奇，美国黑人男歌手，音乐风格融合放克、R&B、流行等，《在天花板上跳舞》（1986 年发行）是其名作。

10 公共背景乐，在超市、商场、车间或办公场所播放的背景音乐，通常是流行歌曲。惠特妮·休斯顿，美国女歌手，1985 年出道，是美国流行乐坛著名人物。

11 理查德·普赖尔，美国著名脱口秀喜剧演员，以辛辣的讽刺和百无禁忌的笑话闻名，被认为是美国历史上最具影响力的脱口秀演员之一。但在演艺生涯后期，普赖尔开始主持一些无聊的娱乐节目，他承认这些节目水平不高，但主持这样的节目更赚钱。2005 年心脏病发去世。

12 国会（Parliament），美国著名放克乐团，20 世纪 60 年代后期登上乐坛。

13 詹姆斯·布朗，美国著名黑人音乐人，20 世纪 50 年代登上乐坛，被誉为美国灵魂乐的教父。

14 有色人种促进会形象奖，始于 1965 年，每年颁发一次，表彰在电影、电视、音乐、文学等领域做出杰出贡献的有色人士。

15 灵魂（De La Soul），20 世纪 80 年代于纽约长岛出道的嘻哈三人组，深刻影响了后来的嘻哈音乐，尤其是爵士嘻哈和另类嘻哈。与同时代的嘻哈音乐不同，他们的风格偏向温和、幽默甚至优雅，吸收了流行、爵士、雷鬼等元素。

16 斯特森音波，美国著名嘻哈乐团，1979 年成立于纽约布鲁克林，是另类嘻哈和爵士嘻哈的先驱。

17 马库斯·加维，美国黑人运动领袖，生于牙买加。他主张的非洲色是黑、红、绿三色：黑色代表非洲人，红色代表为争取独立自由所流的鲜血，绿色代表非洲美丽富饶的土地。

18 法拉罕，即路易斯·法拉罕·穆罕默德，曾用名路易斯·X，许多人认为他曾与马尔科姆·X 互为竞争对手。

19 阿波罗尼亚，美国女歌手、演员，20 世纪 80 年代成名。

20 魔兽系列游戏中的一个物品是“恐怖街的手杖”。

21 《龙与地下城》游戏中的一个物品是“爆破号角”。

22 尚戈，约鲁巴大陆最强大的统治者之一。

23 1986 年 11 月 19 日，拉里·戴维斯在纽约布朗克斯的公寓里对六名警察进行枪击，这起事件在纽约引发了一场关于警察行为和种族歧视的激烈辩论。

24 尼诺·布朗，1991 年的美国动作帮派电影《纽约黑街》中可卡因时代崛起的毒品之王。

25 在过去，美国西部的枪手们曾有每杀死一个人就在皮带上打一个孔的习俗。此处指一种每和一个女孩发生性关系就在皮带上打一个孔的文化，后来以皮带上的孔指代性伴侣。

26 罗伯特·威廉斯，美国黑人民权运动领袖、作家，著有《黑人与枪支》。休伊，即休伊·牛顿，美国黑人政治活动家，黑豹党创始人之一。古斯和蜘蛛侠一样，是漫威漫画中的角色，它是惊奇队长的宠物猫。

27 亨利·埃拉德，美国职业橄榄球运动员。

28 杰瑞·莱斯，前美国职业橄榄球外接手，被公认为史上最伟大的外接手。

29《兄弟们能搞定》，人民公敌乐队创作的一首歌曲。

第五章

1 雏菊年代，美国嘻哈三人组灵魂在首张专辑中提出的概念，寓意和平与和谐，以雏菊为标志。而灵魂的第二张专辑《灵魂已死》则以打碎的雏菊盆栽为封面，寓意雏菊年代已亡。

2《反谍计划文件》，一本出版于1990年的书。

3《黑豹是只黑猫》，一本出版于1971年的书，追溯了黑豹党初期的活动。

4《儿童故事》，以叔叔为孩子们讲睡前故事的形式描述了一个对抢劫上瘾的十七岁少年，有一天他抢到了便衣警察的头上，在漫长曲折的逃跑途中被击毙。

5《来此处》（*Kumbaya*），非裔美国黑人的一首传统圣歌，该歌曲曾流传至安哥拉，之后再次流传到美国，并发展为儿童夏令营的必唱曲目。

6 1859 年，约翰·布朗领导美国人民在哈伯斯费里举行武装起义，要求废除奴隶制，并逮捕一些种植园主，解放了许多奴隶。起义最后被镇压，布朗被逮捕并杀害。

7《选票还是子弹》，1964 年 4 月 3 日马尔科姆·X 在种族平等委员会举行的研讨会上发表的演说。

8 海拉和托尔，漫威漫画中的超级反派和超级英雄，他们是死敌。

9 爱克伊诺，1745 年出生，曾在现在的尼日利亚东部地区为奴，支持结束奴隶贸易的运动。

10 海滋客，成立于美国的国际连锁速食餐厅，以炸鱼块等为特色。

11 阿坎人，一个定居在加纳、科特迪瓦等西非地区的民族。

12 拉帕裙，利比里亚等国家的女性穿的布制长裙。

13 库非帽，男性戴的一种无边帽，流行于非洲、中亚。

14 加布里埃尔·普罗瑟，一名被奴役的铁匠，1800 年夏在里士满策划了一场大规模的奴隶反抗运动，消息泄露，他和二十五名追随者被吊死。

15 夸梅·恩克鲁玛，加纳国父，非洲政治家、思想家、哲学家、教育家和外交家，非洲民族解放运动的先驱，非洲统一组织和不结盟运动的发起人之一。

第六章

1 这是一句歌词，出自嘻哈乐队探索部落的歌曲《逃离》。

2 多贡人居住在尼日尔河河湾处，以耕种和游牧为生。他们没有文字，只凭口授来传述知识。多贡人把他们的社会组织及文化同创世神话联系起来，其玄学思想体系比绝大多数非洲民族更为抽象。

3 凯米特、库施和蓬特均为古代非洲地区。

4 奈菲尔塔利，古埃及第十九王朝法老的皇后，拉美西斯二世的妻子，死后被奉为女神。她美得超凡脱俗，在活着时就被视为神祇，她的高贵魅力和法老的宠爱赋予了她无上的权利。

5 阿斯基亚王朝是西非桑海帝国的国力巅峰时期，建立于1493年，统治一直持续到20世纪初。

6 阿肯那顿，古埃及第十八王朝的法老。

7 巴托和天使山均为《龙与地下城》中的地名。

8 大蕉，即芭蕉。

9 卡布里尼–格林公共住房项目。

10 托尼·阿特拉斯，职业摔跤选手。

11 欧米伽兄弟会，拥有七百五十多个本科和研究生分会的黑人国际联谊会，于1911年在霍华德大学创立。

12 罗德尼·金，非裔美国人，生于加利福尼亚州首府萨克拉门托。1991年3月3日因超速被洛杉矶警方追逐，被截停后拒捕袭警，警方用警棍将他制服，1992年，法院判决逮捕罗德尼·金的四名白人警察无罪，引发了1992年洛杉矶暴动。

13 引自鲍勃·马利的《救赎之歌》。

14 香豌豆惠特克，美国职业拳击手。

第七章

1. 这句话出自 LL Cool J 的一首歌。
2 1989 年，德国的斯奈普非法使用了基尔·罗伯·G 一首歌曲的无伴奏版本。
3 PSAT，学业能力倾向初步测试，即美国的高考模拟考试。
4 云巨人，《龙与地下城》中的角色。
5 先修课程，美国中学生在上大学前修习以获得大学学分的课程。
6 这里应指鲍勃·马利。
7 钢脉，雷鬼乐队，来自英国伯明翰的汉斯沃斯地区，那里有大量的非裔加勒比人、印度人和其他亚洲移民。
8 燃刺，牙买加雷鬼歌手和音乐家，20 世纪 70 年代最具影响力的艺术家之一。
9《搭公车到巴比伦》，鲍勃·马利的第八张专辑，发行于 1978 年。
10 麦克·G，美国嘻哈团体“丛林兄弟”的成员。
11 科克·麦克雷，美国电视连续剧《纯真年代》中的人物。

第八章

1 这是一句歌词，出自《他们缅怀你》。这首歌的创作者是美国著名嘻哈二人组皮特·洛克与史穆斯，为纪念亡友而作，立即成为嘻哈经典。

2 淘金者，一款经典街机游戏，玩家在迷宫地图中穿行，偷取金子。

3 沃伦·姆恩，前美国职业橄榄球运动员，四分卫。

4 长除法，传统算则中的一种，从左边最高位开始计算。

5 凯恩·马可，《X 战警》中的超级大反派，肌肉发达。

6 曼萨·穆萨，14 世纪马里帝国的国王。

7 萨赫勒，阿拉伯语意为“沙漠之边”，位于非洲苏丹草原带北部，是由典型的热带草原向撒哈拉沙漠过渡的干旱半干旱地带。

8 艾尔–哈吉·夏巴兹，即马尔科姆·X。

9《世嘉创世纪》，于 1994 年发行的经典街机动作游戏。

10《新机动战记》，一部日本动画片，隶属于高达系列。